Motivation zwischendrin

Mit Videos von frankophonen Youtuberinnen und Youtubern Hörsehverstehen, Schreiben und Sprechen trainieren

Französisch für die Sek 1 (A1 – B1+)

von Eva Müller

Ernst Klett Sprachen
Stuttgart

1. Auflage 1 8 7 6 5 4 | 2026 25 24 23

www.klett-sprachen.de

Autorin: Eva Müller
Redaktion: Sylvie Cloeren
Layoutkonzeption: Marion Köster, Stuttgart
Gestaltung und Satz: Joachim Schrimm, ETYPO, Friolzheim
Umschlaggestaltung: Andreas Drabarek
Druck und Bindung: Elanders GmbH, Anton-Schmidt-Str. 15, 71332 Waiblingen, Deutschland

Printed in Germany

ISBN 978-3-12-927949-6

Mode d'emploi

Youtuber/innen sind bei vielen Lernenden hoch im Kurs – und Videos französischer Youtuber/innen, die gleichaltrige Jugendliche in der frankophonen Welt mögen, sind deshalb eine ausgezeichnete Möglichkeit, das Hörsehverstehen von **authentischen Videos** auf **motivierende** Weise zu trainieren. Außerdem bieten sich diese Videos als „déclencheurs de paroles" zur **Schaffung von Sprech- und Schreibanlässen** an.

Für diese Unterrichtshandreichung wurden aus der Vielzahl an Youtube-Videos 10 Videos nach folgenden **Auswahlkriterien** ausgesucht:

- bekannte und **berühmte frankophone Youtuber/innen** (d. h. meist mehr als 1 Million Abonnenten)
- **aktuelle Videos** aus den letzten Jahren (beim Zeitpunkt der Manuskripterstellung) mit vielen Klicks
- Inhalte, die **jugendliche Lerner ansprechen**: sowohl **lustige Videos**, die sich gut zur Auflockerung zwischendrin eignen, als auch **Videos mit Themen, die zu den Lehrplänen passen** und sich gut in die Themengebiete der gängigen Lehrwerke integrieren lassen.

In Kapitel 1–10 finden Sie zu jedem dieser Videos **Kopiervorlagen (KV) auf 2 Niveaustufen**:

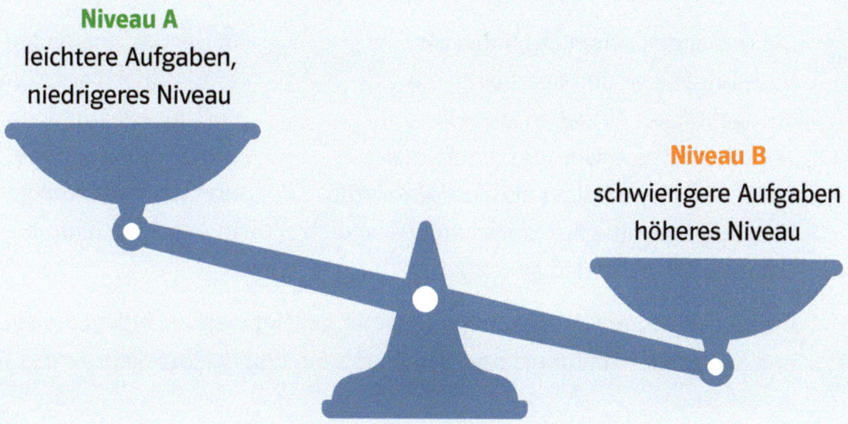

Daraus können Sie also – je nach Lernjahr – das für Ihre Klasse geeignete Material aussuchen und/oder **binnendifferenziert** unterrichten.

Die Aktivitäten orientieren sich am bekannten didaktischen **Dreischritt**:

avant le visionnage	***pendant le visionnage***	***après le visionnage***
= Aufgabe 1	**= Aufgabe 2 (a, b…)**	**= Aufgabe 3**
/		/

Bei den Aufgaben zum Hörsehverstehen steht das **Globalverstehen** im Vordergrund: d. h. die Lernenden sollen die Erfahrung machen, dass sie nicht jedes Wort verstehen müssen, sondern mit den Schlüsselwörtern, die sie schon gelernt haben, und mit Hilfe der Bilder dem Inhalt (grob) folgen können.

Die Kopiervorlagen von Kapitel 10 thematisieren im Sinne der **Medienerziehung**, wie das Geldverdienen mit Youtube-Videos funktioniert.
Kapitel 11 enthält eine Kopiervorlage mit Anregungen, wie sich die Lernenden **individuell** mit bekannten Youtube-Kanälen, die sie thematisch interessieren, beschäftigen können.

Die Einsatzmöglichkeiten der Kopiervorlagen sind vielfältig:

- **thematisch zu einer Unterrichtseinheit passend** (z. B. *„48 heures sans mon téléphone"* innerhalb einer Lehrwerks-Unité zum Thema „Medien") oder
- **zwischendrin**, d.h. vor den Ferien,
  in der Stunde nach einer Klassenarbeit,
  vor Beginn einer neuen Lektion,
  in einer Vertretungsstunde usw.

Der **Zeitbedarf** beträgt pro Video etwa **eine Unterrichtsstunde**.
Alternativ können die Kopiervorlagen sehr gut im Sinne der ***„classe inversée*** *(flipped classroom)"* genutzt werden:

Die Lernenden sehen das **Video als Hausaufgabe** an und bearbeiten die dazugehörigen Aufgaben zum Hörsehverstehen (was erfahrungsgemäß meist lieber und zuverlässiger als eine „klassische" Hausaufgabe mit einer Grammatik-/Wortschatzübung o. ä. erledigt wird).

In der nachfolgenden **Unterrichtsstunde** erfolgt (nach der Korrektur der Hörsehverstehens-Aufgaben) nur die Aktivität ***„après le visionnage"*** **(Aufgabe 3)**, was natürlich weniger Unterrichtszeit in Anspruch nimmt.

Die Videos können im Plenum per Beamer gezeigt werden, indem Sie auf www.youtube.com den Namen des Youtubers bzw. der Youtuberin und Schlüsselwörter des Titels im Suchfeld eingeben.

Alternativ können die Lernenden eigenständig die digitalen Inhalte online ansehen.

Alles Digitale zu diesem Buch kann auf der Lernplattform **allango** von Ernst Klett Sprachen abgerufen werden. So geht's:

QR-Code scannen oder **www.allango.net** aufrufen	Buchtitel oder ISBN in der Suche eingeben und auf das Buchcover klicken	Zu Inhalt navigieren, direkt abrufen oder speichern

Dieses Symbol bedeutet, dass zu einem Buch-Abschnitt ein digitaler Inhalt verfügbar ist.

Übersichtstabelle der Kopiervorlagen

Die Aktivitäten sind den jeweiligen Niveaustufen und Jahrgangsstufen für Französisch als **2. Fremdsprache** zugeordnet; natürlich ist alles ebenso in Klassen mit Französisch als **1. oder 3. Fremdsprache oder spätbeginnend** durchführbar.

A = niedrigeres Niveau, **B = höheres Niveau**

Bei **Binnendifferenzierung** können natürlich auch in höheren Jahrgangsstufen für leistungsschwächere Lernende die Arbeitsblätter A ausgeteilt werden (und umgekehrt Arbeitsblätter B für Leistungsstarke in niedrigeren Jahrgangsstufen).

KV	Inhalt	Klasse/GER-Niveau					Seiten
		6 A1	7 A2	8 A2+	9 B1	10 B1+	
1. Rémi Gaillard : *Santa Claus*							
1 A 1 B	Rémi Gaillard spielt als Weihnachtsmann verkleidet wortlose Streiche (die nicht nur zur Weihnachtszeit lustig sind).	A	A	B	B	B	7–11
2. Greg Guillotin : *Le hasard fait bien les choses (Objets improbables, prank)*							
2 A 2 B	Greg Guillotin fragt Leute im Park, ob sie untypische Gegenstände (Bügeleisen, Maurerkelle…) dabei haben, und ihre Reaktion wird mit versteckter Kamera gefilmt, als ein daneben stehender Mann (Kumpel von Greg) diese Gegenstände wirklich aus seinem Rucksack zieht.		A	A	B	B	12–16
3. Cyprien : *Je déteste 2*							
3 A 3 B	Cyprien zeigt mit nachgespielten Szenen, was er alles hasst; als er jedoch eine attraktive Frau trifft, die das alles macht, stört es ihn (zuerst) doch nicht mehr.			A	A/B	B	17–21
4. Squeezie : *On a pas les mêmes vacances qu'eux*							
4 A 5 B	Squeezie zeigt, welche besonderen Erfindungen es in Hotels weltweit gibt.			A	A/B	B	22–26
5. Norman : *Les petites manies*							
5 A 5 B	Norman zeigt, welche kleinen Macken bzw. alltägliche Gewohnheiten er hat.			A	A/B	B	27–31

KV	Inhalt	Klasse/GER-Niveau					Seiten
		6 A1	7 A2	8 A2+	9 B1	10 B1+	
6. Hugoposé : *Ma pire connerie en cours*							
6 A 6 B	Hugoposé erzählt Anekdoten aus seiner Schulzeit, z. B. den Versuch, mit einem Handy bei den „*examens blancs*" zu schummeln.			A	A/B	B	32–36
7. Léna Situations : *Challenge : 48 heures sans mon téléphone*							
7 A 7 B	Léna Situations zeigt lustige Situationen, in denen sie an ihrem handyfreien Wochenende ohne ihr Handy auskommen muss, und wofür sie stattdessen Zeit hat.			A	A/B	B	37–41
8. Denyzee : *Riche vs. pauvre pendant une journée (prank)*							
8 A 8 B	Denyzee verkleidet sich einmal als Reiche und einmal als Obdachlose und lässt sich bei den gleichen Handlungen filmen (um Geld betteln usw.), um die Reaktionen der Passanten zu testen.			A	A/B	B	42–46
9. Les Revues du Monde (Charlie Danger) : *L'escroc qui a vendu la tour Eiffel*							
9 A 9 B	Charlie Danger erzählt die Geschichte des Gauners Victor Lustig, der sich 1925 als Vertreter der Regierung ausgab und erfolgreich den Eiffelturm einem Schrotthändler verkaufte.				A	B	47–52
10. Nicola Ricca : *Revenus passifs : Comment gagner de l'argent sur Youtube ?*							
10 A 10 B	Nicola Ricca erklärt, wie man durch Werbung, Affiliate Marketing und Marken-Partnerschaften mit Youtube-Videos Geld verdienen kann.				A	B	53–57
11. Je découvre une chaîne Youtube							
11 A 11 B 11 C	individuelles Sichten eines Youtube-Kanals zu • Beauty, Mode: Sananas • Fastfood-Tests: FastGoodCuisine • Fitness: Tibo InShape Entrainement • Auto: Vilebrequin • Unterhaltung, Gaming: Swan & Néo • Unterhaltung: Natoo (Youtuberin mit den meisten Abonnenten) Alternativ: Untersuchen des Kanals eines Youtubers / einer Youtuberin von Kapitel 1–10 vor oder nach der Beschäftigung mit einem Video (KV 1–10)			A	A/B	B	58–63

1. Rémi Gaillard : *Santa Claus*

A1 A2 A2+ B1 B1+

Hintergrundinformationen zum Youtuber Rémi Gaillard

Rémi Gaillard (* 1975) ist ein Komiker, der seine Streiche filmen lässt und auf Youtube und auch auf seiner Homepage https://nimportequi.com/fr/ zeigt: Er verkleidet sich beispielsweise als Außerirdischer, Fuchs, Dino, Känguru usw. und ist damit auf der Straße unterwegs. Sein Motto lautet: *„C'est en faisant n'importe quoi qu'on devient n'importe qui"*. Auf Youtube hat er über 7,29 Millionen Abonnenten.

Inhalt des Videos (03:41)

Das Video besteht aus verschiedenen zusammengeschnittenen Szenen, in denen Rémi Gaillard **als Weihnachtsmann verkleidet Streiche spielt**: Er sammelt in einem Spielwarengeschäft Spielzeuge aus den Regalen in seinen Sack und versucht, ohne Bezahlung aus der Tür hinauszugehen, er geht bei Rot über die Ampel, weil er ja auch ein „roter Mann" ist, er legt einen großen Geschenkkarton über einen Blitzer, damit die Autos schneller fahren dürfen, er ist mit seinem Rentier-Schlitten auf dem Standstreifen der Autobahn und ruft den Abschleppservice usw.
Das Video ist **wortlos**, nur mit Hintergrundmusik, sodass es auch schon für das Niveau A1/A2 zur Schaffung von Sprech- (und/oder Schreib-)anlässen geeignet ist.

Zusätzliche Erläuterungen

Die Arbeit mit diesem Video kann natürlich in **der Vorweihnachtszeit** erfolgen **oder auch zu einem anderen Zeitpunkt** im Schuljahr, da offenbleibt, ob Rémi Gaillard diese Streiche im Dezember oder in einem anderen Monat gespielt hat.

Wenn die KVs im Sinne der „classe inversée" als Hausaufgabe zum Einsatz kommen, sollen die Lernenden die **mündlichen Aufgaben** (2a + 2c) **zu Hause üben**, sodass sie in der Folgestunde die Antworten zügig ihrem/r Banknachbar/in vorsprechen können, oder alternativ die Sätze von 2c aufschreiben.

Lösungen

KV 1 A

1. 1 c, 2 e, 3 a, 4 d, 5 f, 6 b

2. b) 1 b, 2 d, 3 a, 4 c

c) *par exemple :* 1. Le père Noël va dans un magasin de jouets et met des jouets dans son sac. (Il prend même un carton de playmobil qu'un homme a à la main.) Après, il quitte le magasin avec son sac, mais il ne paye pas.
2. Le père Noël traverse une rue au feu rouge (et pas au feu vert) parce qu'il porte un costume rouge.
3. Le père Noël met un grand carton sur un radar. Après, les voitures peuvent rouler vite. C'est son cadeau.
4. Le père Noël appelle une dépanneuse parce que son traineau est en panne.

KV 1 B

1. Rémi Gaillard est un humoriste français très connu qui porte toujours des costumes différents (par exemple du père Noël) et joue des tours. D'autres gens filment ces scènes pour lui et il en fait une vidéo pour Youtube après.

2. b) 1 b D, 2 d C, 3 a B, 4 c A

c) *wie bei KV 1 A, aber ausführlicheres Nacherzählen*

Rémi Gaillard : *Santa Claus*

KV 1 A[1]

❶ Numérote les cases *(Felder)* **dans le bon ordre** *(richtigen Reihenfolge).*

- ☐ b) gens filment ça pour lui.
- ☐ a) porte un costume (par exemple du
- ☐ c) Rémi Gaillard est un
- ☐ d) père Noël *(Weihnachtsmann)*
- ☐ e) humoriste français. Il
- ☐ f) et joue des tours *(Streiche)*. Des

❷ Regarde la vidéo.

a) Raconte à ton/ta voisin/e :
Comment est-ce que tu trouves la vidéo ?

👍 super, cool, génial/e, amusant/e, intéressant/e…

👎 nul/le, bizarre *(komisch)*, bête *(blöd)*, pas amusant(e)…

b) Regarde encore une fois les scènes 0:30 – 1:16 et 1:47 – 2:02. Relie *(verbinde)* **les images et les mots.**

1

des jouets (m.)
(Spielzeug)

2

au feu rouge/vert
(bei … Ampel)

3

un radar
(Blitzer)

4

la dépanneuse
(Abschleppwagen)

a) poser/mettre • un carton rouler *(fahren)* vite • un cadeau

b) poser/mettre • le sac • quitter • payer *(bezahlen)*

c) appeler • le traineau *(Schlitten)* • être en panne *(Panne haben)*

d) traverser *(überqueren)* • parce que…

c) Raconte à ton/ta voisin/e : que fait le père Noël ? Les images et les mots ↑ t'aident.

8.1, 8.2 AFP Gruppe Deutschland (GERARD JULIEN / AFP), Berlin; 8.3 123RF.com (sdcrea); 8.4, 8.5 123RF.com (ihorsw); 8.6 123RF.com (Tetiana Lazunova); 8.7 123RF.com (rdesign0209); 8.8 123RF.com (ostapenko); 8.9 123RF.com (Ljubisa Sujica)

frankophone Youtuber/innen
ISBN 978-3-12-927949-6

Alles Digitale auf www.allango.net

KV 1 A2

❸ Choisis *(wähle)* **une scène de l'exercice 2b.**

a) Imagine *(stell dir vor)* **: Tu es aussi là et tu regardes l'action du père Noël. Dessine un moment de la scène avec toi (tu es à côté de** *(neben)* **l'homme avec le carton de playmobil, devant la caisse, dans une voiture, ou . . .)** *(Strichmännchen reichen)*.

La scène numéro ....

b) Coche *(kreuze an)* **: Comment est-ce que tu trouves l'action du père Noël ?**

c) Écris (au moins *(mindestens)*) **5 phrases dans la bulle** *(Gedankenblase)* **: qu'est-ce que tu penses à ce moment-là** *(in diesem Moment)* **?**

Oh ! • Tiens !
Ça alors ! (Na sowas !) •
Mais qu'est-ce que c'est ?
Le père Noël... *(tu racontes ce qu* (was) *'il (a) fait)*
C'est vraiment... • Je trouve ça...
parce que... *(tu dis ton opinion)*
(tu peux aussi poser une question)

d) Présente ton dessin et la bulle à ton/ta voisin/e et en classe.

9.1 123RF.com (MIKHAIL GRACHIKOV); 9.2 123RF.com (wiseant); 9.3 123RF.com (Jirjis Nailul Muna)
frankophone Youtuber/innen
ISBN 978-3-12-927949-6

Rémi Gaillard : *Santa Claus*

KV 1 B[1]

❶ Mets les mots dans le bon ordre.

pour Youtube après. | et il en | fait une vidéo | très connu qui | un humoriste français | costumes différents (par | D'autres | des tours *(Streiche)*. | exemple du père | porte toujours des | Noël) et joue | Rémi Gaillard est | scènes pour lui | gens filment ces

Rémi ....

....

....

❷ Regarde la vidéo.

a) Raconte à ton/ta voisin/e :
Comment est-ce que tu la trouves et pourquoi ?

super, cool, génial/e, amusant/e, intéressant/e, original/e (originell)… *parce que…*

nul/le, bizarre, bête, ennuyeux/ennuyeuse (langweilig)… *parce que…*

b) Regarde encore une fois les scènes 0:30–1:16 et 1:47–2:02. Relie les images et les mots.

1

a) *mettre – un carton – un radar* (Blitzer)

2

b) *des jouets (m.)* (Spielzeug) *– mettre – le sac*

3

c) *appeler – le traineau* (Schlitten)

4

d) *attendre – traverser*

a) poser/mettre • *un carton rouler* (fahren) *vite* • *un cadeau*	*b) poser/mettre* • *le sac* • *quitter* • *payer* (bezahlen)	*c) appeler* • *le traineau* (Schlitten) • *être en panne* (Panne haben)	*d) traverser* (überqueren) • *parce que…*

c) Raconte à ton/ta voisin/e à l'aide de ces mots-clés : que fait le père Noël ?

10.1 123RF.com(ihorsw); 10.2 AFP Gruppe Deutschland (GERARD JULIEN / AFP), Berlin; 10.3 123RF.com (sdcrea); 10.4 123RF.com (Tetiana Lazunova); 10.5 123RF.com (rdesign0209); 10.6 123RF.com (ostapenko); 10.7 123RF.com (Ljubisa Sujica)

frankophone Youtuber/innen
ISBN 978-3-12-927949-6

Alles Digitale auf **www.allango.net**

KV 1 B²

3 Choisis une scène de l'exercice 2b.

a) Dessine un moment de cette scène avec le père Noël (Rémi Gaillard) et deux autres personnes qui regardent ou sont concernées *(betroffen)* **(par exemple l'homme dans la dépanneuse ou . . .).**

b) Mets-toi à la place *(versetze dich hinein)* **de ces trois personnes et écris leurs pensées dans les trois bulles (au moins** *(mindestens)* **2 phrases dans chaque bulle).**

c) Lis les bulles à un/e camarade de classe. Il/Elle doit dire qui pense quoi à quel moment. Après, changez de rôle.

Tu peux écrire par exemple :

- **des exclamations** *(Ausrufe)* **:** *Tiens ! / Ça alors !*
- **des questions :** *Pourquoi…?*
- **des phrases qui commencent par :** *J'espère…, Je trouve…, Mais…*

11.1 123RF.com (MIKHAIL GRACHIKOV);
11.2 123RF.com (Jirjis Nailul Muna)

ISBN 978-3-12-927949-6

2. Greg Guillotin : *Le hasard fait bien les choses ! (Objets improbables, prank)*

A2 A2+ B1 B1+

Hintergrundinformationen zum Youtuber Greg Guillotin

Greg Guillotin (*1983) hat mehr als 4,09 Millionen Abonnenten und ist bekannt für seine Videos mit versteckter Kamera: Er spielt *„le pire gendre"* bei einer Familie sowie *„le pire stagiaire"* in sämtlichen Berufen (*médecin, garagiste, coiffeuse* usw.) und führt dabei die Familienmitglieder bzw. Chefs, die nicht wissen, dass es sich in Wirklichkeit um eine Sendung mit versteckter Kamera handelt, ganz schön an der Nase herum. Da diese langen Videos eine monatelange Produktionszeit erfordern, hat Greg zwischendrin dieses kurze, einfacher zu produzierende Video auf seinem Kanal veröffentlicht (wie er im Vorspann erklärt).

Inhalt des Videoausschnitts (2:01)

In diesem „Prank" (= Streich) **fragt** Greg Guillotin Leute auf Parkbänken nach **Gegenständen, die normalerweise niemand dabei hat**: eine Maurerkelle, ein Bügeleisen, ein Ventilator in Ananas-Form (und weitere Gegenstände im restlichen Video). Ein Kumpel von Greg hält sich ebenfalls im Park auf und zieht dann die gewünschten Gegenstände wie selbstverständlich aus seinem Rucksack, als er danach gefragt wird. Mit **versteckter Kamera** werden die überraschten Reaktionen der Leute gefilmt.

Zusätzliche Erläuterungen

Damit die Lernenden bei KV 2 B Aufgabe 1 noch nicht von Aufgabe 2 beeinflusst werden, sollen sie die **untere Hälfte des Blattes nach hinten falten** – oder alternativ wird ihnen Aufgabe 1 mit der Dokumentenkamera gezeigt und sie bearbeiten die Aufgabe mündlich in Partnerarbeit, bevor sie das Blatt ausgeteilt bekommen.

Lösungen

KV 2 A

1. *solutions individuelles, par exemple :* Vous avez l'heure / de l'argent / un portable… pour moi ?

2. a) Greg est au parc et demande à un monsieur sur un banc : « Est-ce que vous auriez un fer à repasser, s'il vous plaît, à me prêter ? » L'homme répond « non », bien sûr. Après, Greg pose cette question à un copain qui a vraiment cet objet dans son sac à dos. L'homme sur le banc est très surpris et rigole. Puis, Greg demande à d'autres gens une truelle et la même action se répète. Ensuite, Greg demande un ventilateur ananas à son copain. Les femmes à côté sont surprises et veulent savoir si ce type de ventilateur est connu.

b) être surpris,e : C'est pas possible !, C'est pas vrai !, Ça alors !, Franchement, les bras m'en tombent là ! *(ich bin sprachlos, baff)*, (Moi,) je suis scié (, là) *(platt)* ! c) Tiens !, Ah bon ?, Sans blague *(echt)* ?, C'est incroyable !

KV 2 B

2. a) Greg est au parc et demande à un monsieur / un homme sur un banc s'il a (aurait) un fer à repasser à lui prêter. L'homme ne l'a pas bien, bien sûr / répond qu'il ne l'a pas / répond « non ». Après, Greg pose cette question à un copain qui a vraiment cet objet dans son sac à dos / un ami et il sort vraiment un fer à repasser de son sac à dos. L'homme sur le banc est très surpris (et rigole). Puis, Greg demande à d'autres gens une truelle et la même action se répète. Ensuite, Greg demande un ventilateur ananas à son copain. Les femmes à côté sont surprises et veulent savoir si ce type de ventilateur est connu.

b) être surpris,e : *siehe oben (KV 2 A Aufgabe 2 bc)*

3. a) être amusé,e : C'est amusant !, C'est rigolo !, C'est trop drôle !, etc.
être énervé,e : Ça m'énerve !, Vous m'énervez !, Vous m'embêtez !, Arrêtez !, etc.
être en colère : C'est insupportable !, Arrêtez !, Ça suffit !, Assez !, J'en ai marre !, Vous êtes fou !, Laissez-moi tranquille !

Greg Guillotin : *Le hasard* *(Zufall)* *fait bien les choses !* *(Objets improbables* *(unwahrscheinlich)*, *prank* *(Streich))*

KV 2 A[1]

❶ Regarde cette image. L'homme à droite ne connaît pas l'homme sur le banc, mais il lui demande quelque chose. Complète la phrase dans la bulle *(Sprechblase)* **(avec un objet que l'homme a probablement** *(wahrscheinlich)***).**

❷ Tu vas voir un extrait *(Ausschnitt)* **d'une vidéo de Greg Guillotin – un youtubeur qui fait des vidéos amusantes avec une caméra cachée** *(versteckt)***.**

a) Dans cette vidéo, Greg est au parc et pose aussi une question aux gens sur les bancs. Regarde 2:58 – 4:59 et souligne la bonne alternative du résumé.

1

2

3

Greg est au parc et demande à une dame / un monsieur sur un banc : « Est-ce que vous auriez *(hätten)* un fer à repasser[1] / une truelle[2] / un ventilateur[3], s'il vous plaît, à me prêter *(ausleihen)* ? » La femme / L'homme répond « non », bien sûr.

Après, Greg pose cette question à un autre inconnu *(Unbekannten)* / un copain qui a vraiment cet objet dans son sac à dos. La femme / L'homme sur le banc est très surpris / choqué et part / rigole.

Puis, Greg demande à d'autres gens un fer à repasser / une truelle / un ventilateur et la même action se répète *(wiederholt sich)*.

Ensuite, Greg demande un ventilateur ananas / pomme à un homme / son copain. Les femmes à côté sont surprises et veulent savoir pourquoi l'homme a ça / si *(ob)* ce type de ventilateur est connu.

13.1 123RF.com (Evgenii Naumov); 13.2 Imago (JonathanRebboah/Panoramic), Berlin; 13.3 123RF.com (sdcrea); 13.4 123RF.com (stockerteam); 13.5 123RF.com (Maryna Kriuchenko); 13.6 123RF.com (magicleaf)

frankophone Youtuber/innen
ISBN 978-3-12-927949-6

Alles Digitale auf **www.allango.net**

b) Regarde cet extrait encore une fois et complète le tableau avec les phrases que les gens disent (et qu'on peut aussi lire).

KV 2 A²

C'est pas .... !

C'est pas .... !

Ça .... ! *(Na sowas !)*

Franchement (Ehrlich), les bras m'en .... !
(ich bin sprachlos, baff)

(Moi,) je suis .... ! *(platt)*

....

....

....

c) Sur les trois dernières lignes, écris d'autres expressions que tu connais pour montrer sa surprise.

❸ Maintenant, c'est à vous de jouer une autre scène de caméra cachée.

a) Mettez-vous à trois. Imaginez trois endroits (au supermarché, à l'école, au restaurant, dans la rue, à la plage etc.) et trois objets improbables. Si vous n'avez pas ces objets, dessinez-les sur un papier.

scène 1 : ....

scène 2 : ....

scène 3 : ....

b) Répartissez *(verteilt)* les rôles : un/e élève est la personne qui demande l'objet, le/la 2ᵉ est la personne demandée *(gefragt)*, le/la 3ᵉ est l'ami(e). Changez de rôle pour chaque scène.

c) Jouez les trois scènes et utilisez les expressions de l'exercice 2b.

d) Mettez-vous à six et présentez une scène à l'autre groupe – et vice versa *(umgekehrt)*.

14.1 123RF.com (urfandadashov); 14.2 123RF.com (Evgenii Naumov)
frankophone Youtuber/innen
ISBN 978-3-12-927949-6
Alles Digitale auf www.allango.net

Greg Guillotin : *Le hasard* (Zufall) *fait bien les choses !* *(Objets improbables* (unwahrscheinlich)*, prank* (Streich)*)*

KV 2 B[1]

1 **Greg Guillotin est un youtubeur qui fait des vidéos amusantes avec une caméra cachée** *(versteckt)* **– il joue, par exemple, le pire stagiaire** *(schlimmster Praktikant)***. Dans la vidéo que tu vas voir, il se trouve au parc avec un copain, ils font un « prank » et quelqu'un filme la réaction des gens sur les bancs.**
Imagine : Quel « prank » est-ce que les deux pourraient faire ?

....

....

....

2 **a) Regarde l'extrait 2:58 – 4:59 et complète le résumé.**

Vocabulaire :

un fer à repasser

une truelle

un ventilateur

Greg est au parc et demande à .... *s'il* ....

à lui prêter (ausleihen)*. L'homme* ....

Après, Greg pose cette question à ....

.... *. L'homme sur le banc est* ....

Puis, Greg demande ....

et la même action se répète.

Ensuite, Greg demande un ....

Les femmes à côté ....

....

15.1 123RF.com (stockerteam); 15.2 Imago (JonathanRebboah/Panoramic), Berlin; 15.3 123RF.com (sdcrea); 15.4 123RF.com (Maryna Kriuchenko); 15.5 123RF.com (magicleaf)

frankophone Youtuber/innen
ISBN 978-3-12-927949-6

Alles Digitale auf **www.allango.net**

b) **Regarde cet extrait encore une fois et complète la première colonne** *(Spalte)* **du tableau avec les phrases que les gens disent.**

être surpris,e	être amusé,e	être énervé,e	être en colère

c) **Ajoute d'autres expressions que tu connais pour montrer sa surprise.**

2 **a)** **Quand on est la victime** *(Opfer)* **d'un « prank », on peut être surpris – ou on peut aussi être amusé, énervé ou en colère. Complète les autres colonnes du tableau avec les expressions que tu connais pour montrer ces émotions.**

b) **À la fin, Greg dit aux gens sur les bancs que tout était un « prank » avec une caméra cachée.**

Mettez-vous à deux : l'un/e joue le rôle de Greg, l'autre le rôle du premier monsieur sur le banc. Jouez leur dialogue et utilisez aussi plusieurs expressions du tableau.

Après, changez de rôle et jouez la conversation entre Greg et une autre « victime » qui réagit différemment.

c) **Mettez-vous à quatre et présentez un de vos dialogue aux autres – et vice versa** *(umgekehrt).*

d) **Si tu veux, tu peux regarder les vraies réactions des gens à la fin de la vidéo (8:27–8:50).**

frankophone
Youtuber/innen
ISBN 978-3-12-927949-6

Alles Digitale auf
www.allango.net

3. Cyprien : *Je déteste 2*

A2+

B1 B1+

Hintergrundinformationen zum Youtuber Cyprien

Cyprien (mit vollem Namen Cyprien Lov, * 1989) ist der französische Youtuber, der (nach Squeezie) die zweitgrößte Anzahl an Abonnenten hat, nämlich über 14,4 Millionen.
Er ist bekannt für seine humoristischen Videos und Kurzfilme. Außerdem ist er Blogger, Schauspieler, Synchronsprecher und Comicszenarist.

Inhalt des Videos (07:32)

Teil 1 (0:00 – 5:02): Cyprien **zeigt mit nachgespielten Szenen, was er alles hasst**: lange WLAN-Passwörter, zwei Personen vor ihm auf dem Gehweg oder wenn jemand ihn besserwisserisch korrigiert, einen ungewöhnlich geschriebenen Namen hat usw.

Teil 2 (5:03 – 7:32): Cyprien trifft auf der Straße eine attraktive **Frau**, die der Sängerin Louane sehr ähnlich sieht und **alles macht, was er eigentlich hasst – aber plötzlich stört ihn das nicht mehr**. Als diese „loup_anne77" ihm dann jedoch viele kurze Textnachrichten schreibt, bricht er doch den Kontakt mit ihr ab.

Zusätzliche Erläuterungen

Bei der Arbeit mit diesem Video lassen sich nebenbei gut typische **Fehlerquellen wiederholen**: *détester* + bestimmter Artikel, *détester* + *subjonctif* (Niveau B).

Auf Niveau A2+ (KV 3 A) beschäftigen sich die Lernenden nur mit den ersten Minuten des Videos. Mit Hilfe der gezeigten Bilder und der vorentlastenden Satzteile (bei Aufgabe 2a) können sie dem Inhalt gut folgen, auch wenn sie sonst nur wenige gesprochene Wörter des Videos verstehen.
Die Aufgabe 2ab/2a ist so gestaltet, dass die Lernenden nicht ständig zwischen den beiden Seiten hin- und herspringen müssen, d. h. zuerst müssen die Items auf der 1. Seite angekreuzt bzw. nummeriert werden, dann die auf der 2. Seite.

Bei mehr verfügbarer Zeit bietet sich als **alternative „activité après le visionnage"** an, dass die Lernenden in Kleingruppen ein **eigenes kurzes Video** mit dem Titel *„je déteste..."* oder alternativ *„j'aime..."* mit ihren Handykameras drehen und danach im Plenum präsentieren. Die einfachste Form ist, dass sie Bilder und/oder Gegenstände zeigen und auf Französisch erläutern (z. B. *„je déteste les brocolis"*). Natürlich können sie auch -- wie im Cyprien-Video – kurze illustrierende Szenen spielen.

Lösungen

KV 3 A

2. a, c, d, f, h, i, j, k, m, n, o, r, s, u

KV 3 B

2. a) 1 i, 2 j, 3 f, 4 e, 5 g, 6 d, 7 h, 8 n, 9 l, 10 m, 11 k, 12 c, 13 p, 14 v, 15 r, 16 x, 17 q, 18 o, 19 z, 20 w, 21 y, 22 t, 23 s ; de trop : a, b, u

c) Cette femme fait tout ce que Cyprien déteste normalement mais ça ne le dérange pas. On pense – aussi à cause de la musique de fond un peu romantique – que Cyprien va peut-être sortir avec elle un jour. Mais à la fin, elle lui envoie beaucoup de petits messages et ça l'énerve tellement qu'il ne veut plus rester en contact avec elle.

Cyprien : *Je déteste 2*

KV 3 A[1]

❶ **Complète la phrase.**

Je déteste le/la/les .... *et* ....

.... *et* ....

❷ **Tu vas voir une vidéo de Cyprien – un youtubeur français très, très connu avec plus de 14,4 millions d'abonnés** *(Abonnenten)* **(un seul youtubeur français a encore plus d'abonnés). Dans cette vidéo, Cyprien raconte et montre ce qu'** *(was)* **il déteste.**

a) **Lis les phrases suivantes et souligne les mots-clés** *(Schlüsselwörter)*.

Cyprien déteste…

a) quand le voisin dans le métro regarde aussi le portable de Cyprien.

b) quand il y a trop de gens dans le métro.

c) quand les autres font des vidéos à un moment cool qu'il n'a pas remarqué *(bemerkt)*.

d) quand deux personnes sont devant lui sur le trottoir *(Gehweg)*.

e) être en retard.

f) quand qn lui envoie beaucoup de petits messages.

g) quand qn lui dit un gros mot *(Schimpfwort)*.

18.1 Imago (Starface); 18.2 123RF.com (sdcrea); 18.3 123RF.com (ihorsw);
frankophone Youtuber/innen
ISBN 978-3-12-927949-6
Alles Digitale auf www.allango.net

h) quand qn ne répète pas ce que Cyprien n'a pas compris.

i) les messages vocaux *(Sprachnachrichten)* très longs.

j) quand il a dit au revoir à qn, mais l'autre reste à côté de lui.

k) quand le son *(Ton)* de son portable est connecté à une enceinte *(Lautsprecherbox)* dans une autre pièce.

l) quand qn n'utilise pas WhatsApp.

m) quand qn utilise beaucoup de messageries *(Messenger-Apps)* différentes.

n) quand qn prend l'escalier *(Treppe)* pendant que Cyprien prend l'escalator *(Rolltreppe)*.

o) quand il donne son portable à d'autres et ils peuvent lire un message qui arrive.

p) quand les autres n'aiment pas sa nouvelle vidéo.

q) les adresses mail bizarres.

r) les prénoms qu'on n'écrit pas comme normalement.

s) les mots de passe Wi-Fi *(WLAN)*.

t) quand l'Internet ne marche pas.

u) quand il aurait déjà dû savoir *(hätte schon wissen müssen)* qc.

b) Puis, regarde les premières minutes de la vidéo (0:00 – 3:34) deux fois et coche les bonnes phrases : mets une croix X dans les pouces *(Daumen)* **baissés.**

3 Maintenant, tu sais ce que Cyprien déteste – mais tu sais aussi ce que ton/ta voisin/e déteste ? Fais le test : dis 5 phrases – ton/ta voisin/e répond si tu as raison *(recht)*. **Après, changez de rôle.**

Tu détestes le/la/les… / quand…

Oui, c'est vrai. / Non, c'est faux.

Qui, en classe, a dit 5 phrases correctes sur son/sa voisin/e ?

19.1 123RF.com (ihorsw); 19.2 123RF.com (get4net)
frankophone Youtuber/innen
ISBN 978-3-12-927949-6
Alles Digitale auf www.allango.net

Cyprien : *Je déteste 2*

détester + bestimmter Artikel
détester + subjonctif

❶ Note les trois choses que tu détestes le plus.

Je déteste ....

....

❷ Tu vas voir une vidéo de Cyprien – un des youtubeurs français les plus connus avec le deuxième plus grand nombre d'abonnés (plus de 14,4 millions) de tous les youtubeurs français. Dans cette vidéo, Cyprien raconte et montre ce qu'il déteste.

a) Regarde la première partie de la vidéo (0:00 – 5:20) deux fois et numérote les phrases dans le bon ordre : écris le chiffre dans le pouce *(Daumen)* baissé (i = 1). Attention : il y a 3 phrases de trop.

Tuyau *(Tipp)* **:**
Souligne les mots-clés de chaque phrase avant de regarder la vidéo.

Cyprien déteste...

- a) les adresses mail bizarres.
- b) quand l'Internet ne marche pas.
- c) les prénoms qu'on n'écrit pas comme normalement.
- d) les messages vocaux *(Sprachnachrichten)* très longs.
- e) quand quelqu'un lui envoie beaucoup de petits messages.
- f) quand deux personnes sont devant lui sur le trottoir *(Gehweg)*.
- g) quand quelqu'un ne répète pas ce que Cyprien n'a pas compris.
- h) quand il a dit au revoir à quelqu'un, mais l'autre reste à côté de lui.
- 1 i) quand le voisin dans le métro regarde aussi le portable de Cyprien.
- j) quand les autres font des vidéos à un moment cool qu'il n'a pas remarqué.
- k) quand il donne son portable à d'autres et ils peuvent lire un message qui arrive.
- l) quand quelqu'un utilise beaucoup de messageries *(Messenger-Apps)* différentes.
- m) quand quelqu'un prend l'escalier pendant que Cyprien prend l'escalator *(Rolltreppe)*.
- n) quand le son *(Ton)* de son portable est connecté à une enceinte *(Lautsprecherbox)* dans une autre pièce.

20.1, 20.5 123RF.com (Jirjis Nailul Muna); 20.2 Imago (Starface); 20.3 123RF.com (sdcrea); 20.4 123RF.com (ihorsw)

frankophone Youtuber/innen
ISBN 978-3-12-927949-6

o) les groupes de discussion.

p) les mots de passe Wi-Fi *(WLAN)*.

q) les gens qui le corrigent toujours.

r) les pandémies (comme le Covid).

s) les gens qui ne font pas attention dans la rue.

t) marcher dans l'eau avec ses chaussettes *(Socken)*.

u) quand quelqu'un lui dit un gros mot *(Schimpfwort)*.

v) quand il aurait déjà dû savoir *(hätte schon wissen müssen)* qc.

w) quand il ne comprend pas des mots anglais au-dessus d' *(über)* une image.

x) quand il a oublié de bouger la souris parce qu'il voit toujours des mots à côté du film.

y) souhaiter par erreur *(versehentlich)* « bon appétit » à l'homme qui lui livre *(liefert)* son repas.

z) quand son portable est tombé et il ne sait pas encore si l'écran *(Bildschirm)* est cassé *(kaputt)*.

b) Au moment où tu as arrêté la vidéo, Cyprien a rencontré une femme qui ressemble *(ähnelt)* **à la chanteuse Louane. Imagine : comment est-ce que l'histoire continue ? Fais aussi attention à la musique de fond** *(Hintergrund-)* **qu'on entend tout à coup.**

c) Après, regarde le reste de la vidéo (5:21 – 7:32) deux fois et résume ce qui se passe.

....

....

....

....

3 Maintenant, tu sais ce que Cyprien déteste – mais tu sais aussi ce que ton/ta voisin/e déteste ? Et tu peux deviner *(erraten)* **comment il/elle trouve cette vidéo de Cyprien ? Fais le test : dis 7 phrases – ton/ta voisin/e répond si tu as raison** *(recht)* **et explique pourquoi. Après, changez de rôle .**

Je suppose (vermute) que tu trouves cette vidéo…
Je pense que tu détestes le/la/les… / quand… / que…

Oui parce que… /
Non parce que…

21.1 123RF.com (ihorsw); 21.2 123RF.com (get4net)
frankophone Youtuber/innen
ISBN 978-3-12-927949-6
Alles Digitale auf www.allango.net

4. Squeezie : *On a pas les mêmes vacances qu'eux*

A2+

B1 B1+

Hintergrundinformationen zum Youtuber Squeezie

Squeezie (mit bürgerlichem Namen Lucas Hauchard, * 1996) ist der **bekannteste frankophone Youtuber mit den meisten Abonnenten**, nämlich über 17,7 Millionen. In seinen Videos kommentiert er beispielsweise, was er an Kuriositäten im Internet gefunden hat.

Inhalt des Videoausschnitts (03:07)

Squeezie zeigt und kommentiert, welche **besonderen Erfindungen** es in **Hotels** irgendwo auf der Welt gibt: in Island ein Knopf am Zimmertelefon, um sich bei Nordlicht wecken zu lassen, eine mobile Badewanne auf Schienen, ein Knopf am Zimmertelefon für die Direktbestellung bei „Pizzahut", eine Tür, die zwei unterschiedliche Räume schließen kann, in Tierform gefaltete Handtücher usw.

Zusätzliche Erläuterungen

Squeezie spricht sehr schnell und ist daher schwer zu verstehen, aber der **Inhalt des Videos ist schon aufgrund der gezeigten Bilder gut verständlich.** Als produktive Anschlussaufgabe bietet es sich daher an, die Lernenden den Text für eine neue Tonspur mit „leichterem Französisch" erfinden zu lassen, die sie entweder mit der Diktiergerätfunktion ihres Handys aufnehmen oder ihrem/r Banknachbar/in vorsprechen, während das Video ohne Ton läuft. (Dabei müssen sie natürlich – v. a. auf niedrigerem Niveau – nicht ununterbrochen sprechen, sondern dürfen Pausen machen.)

Auf niedrigerem Niveau A konzentrieren sich die Lernenden auf die Bilder und können die ursprüngliche Tonspur vernachlässigen. Auf höherem Niveau B sollen die Lernenden beim zweiten Ansehen die **Wiedergabegeschwindigkeit verlangsamen**: Dazu muss unten rechts im Videofeld das 4. Symbol von rechts („Einstellungen HD") angeklickt werden, danach „Wiedergabegeschwindigkeit" und dann „0.75". Danach können die Lernenden die Aufgabe 2 b zum Globalverstehen der Tonspur leichter bearbeiten.

Lösungen

KV 4 A

2. 1 a, 2 b, 3 b, 4 a, 5 b

3. a) 👍: c'est une bonne idée, c'est pratique, super, génial, cool, original, pas mal, j'aime ça, ça me plaît, ouah !, je voudrais aller dans cet hôtel et voir ça, …

👎: c'est une mauvaise idée, c'est nul, bizarre, ça ne me plaît pas, quelle horreur, …

des mots charnières : d'abord, ensuite, après, puis, …

des descriptions : avec ça, on peut…, c'est pour…, on a inventé ça parce que…

KV 4 B

2. a) 1. en Island : un bouton sur le téléphone de la chambre d'hôtel pour te dire quand il y a une aurore boréale

2. en Suisse : une baignoire sur rails

3. un bouton sur le téléphone de la chambre d'hôtel pour commander une pizza

4. une porte de la salle de bain qui peut fermer deux endroits différents

5. des serviettes pliées en forme d'animaux (un animal / une créature qui est sur les toilettes, un oiseau (cygne), un éléphant et un rat)

b) a, c

Squeezie : *On a pas les mêmes vacances qu'eux*

❶ Raconte à ton/ta voisin/e.

Tu as déjà passé des vacances dans un hôtel ?

si oui : Qu'est-ce que tu as aimé ?

si non : Qu'est-ce que tu aimerais *(würdest mögen)* ?

❷ Tu vas voir le début d'une vidéo de Squeezie – c'est le youtubeur français avec le plus *(die meisten)* **d'abonnés, plus de** *(mehr als)* **17,7 millions.**
Dans cette vidéo, Squeezie présente et commente des choses spéciales dans des hôtels. Il parle très vite, mais ça ne fait rien – concentre-toi sur les images.

Regarde 0:00 – 3:07 et coche la bonne alternative.

Qu'est-ce qu'on peut trouver dans des hôtels ?

1. en Islande : un bouton *(Knopf)* sur le téléphone de la chambre d'hôtel pour te dire quand il y a ☐ a) une aurore boréale *(Nordlicht)* / ☐ b) plus d'un mètre de neige
2. en Suisse : ☐ a) une douche / ☐ b) une baignoire *(Badewanne)* sur rails *(Schienen)*
3. un bouton sur le téléphone de la chambre d'hôtel pour commander *(bestellen)* ☐ a) un café ou un thé le matin / ☐ b) une pizza
4. une porte de salle de bain qui ☐ a) peut fermer deux endroits différents / ☐ b) ferme la salle de bain automatiquement *(automatisch)*
5. ☐ a) des draps *(Bettlaken)* / ☐ b) des serviettes *(Handtücher)* pliés/pliées *(gefaltet)* en forme d'animaux (un animal qui est sur les toilettes, un oiseau, un éléphant et un rat)

❸ Il est difficile de comprendre ce que *(was)* **Squeezie dit – alors, c'est à toi de faire une nouvelle piste sonore** *(Tonspur)* **que d'autres élèves peuvent bien comprendre.**
a) Souligne les mots de la même *(derselben)* **catégorie avec la même couleur.**

c'est une bonne idée — après — avec ça, on peut... — c'est une mauvaise idée — original *(originell)*

c'est nul — bizarre — pas mal — ça ne me plaît pas — j'aime ça — ensuite

ça me plaît — puis

d'abord — c'est pratique *(praktisch)* — ouah ! *(wow)* — génial — super — quelle horreur

on a inventé *(erfunden)* ça parce que... — cool — je voudrais aller dans cet hôtel et voir ça — c'est pour...

23.1 Imago (JBAutissier/Panoramic); 23.2 123RF.com (sdcrea)

frankophone Youtuber/innen
ISBN 978-3-12-927949-6

Alles Digitale auf www.allango.net

b) Lis cet exemple pour le début d'une nouvelle piste sonore.

(0:00 – 0:34) : *Qu'est-ce que vous faites pendant les vacances ? Est-ce que vous allez chez vos grands-parents ou chez un oncle ou une tante ? Ou est-ce que vous allez dans un hôtel ? Moi, j'aime beaucoup les hôtels. Aujourd'hui, je vais vous montrer des choses spéciales qu'on trouve dans des hôtels :*	*pendant les vacances* *grands-parents,* *oncle, tante ?* *♥ les hôtels* *des choses spéciales*
1. (0:35 – 0:51) : *D'abord, dans un hôtel en Islande, il y a...*	*en Islande*
2. (0:52 – 1:16) : ...	
3. (1:17 – 1:29) : ...	
4. (1:30 – 1:47) : ...	
5. (1:48 – 3:07) : ...	

c) Regarde encore une fois la vidéo et appuie *(drücke)* **sur stop après chaque partie. Continue à écrire le texte pour la nouvelle piste sonore dans ton cahier.**
Note d'abord des phrases dans la colonne *(Spalte)* **à gauche : 1. un mot charnière** *(Verknüpfungswort)* **– 2. décris** *(beschreibe)* **les images – 3. dis comment tu trouves ça. (Les mots de l'exercice 3 a t'aident.)**
Après, écris les mots-clés *(Schlüsselwörter)* **de ces phrases dans la colonne à droite et plie** *(falte)* **la feuille.**

d) Regarde la vidéo sans son *(Ton)* **et dis ton texte de la nouvelle piste sonore à ton/ta voisin/e (ou enregistre-le** *(nimm ihn auf)* **avec ton portable). Regarde seulement la colonne à droite. (Si tu n'es pas sûr/e, tu peux brièvement** *(kurz)* **regarder la colonne à gauche, bien sûr.)**

frankophone Youtuber/innen
ISBN 978-3-12-927949-6
Alles Digitale auf www.allango.net

Squeezie : *On a pas les mêmes vacances qu'eux*

❶ Complète cette publicité pour un hôtel. Après, raconte ton idée à ton/ta voisin/e et en classe.

Passez vos vacances dans notre hôtel !

Pourquoi ? Chez nous, vous allez découvrir une chose spéciale :

....

❷ Tu vas voir le début d'une vidéo de Squeezie – c'est le youtubeur français avec le plus d'abonnés, plus de 17,7 millions. Dans cette vidéo, Squeezie parle d'inventions *(Erfindungen)* **spéciales dans des hôtels dans le monde entier.**

a) Regarde 0:00 – 3:07 et complète le texte. Si tu comprends seulement quelques mots, ça ne fait rien – concentre-toi sur les images.

Qu'est-ce qu'on peut trouver dans des hôtels ?

1. en Islande : un bouton *(Knopf)* sur .... pour te dire quand il y a une aurore boréale *(Nordlicht)*
2. en .... : une baignoire *(Badewanne)* sur rails *(Schienen)*
3. un bouton sur le téléphone de la chambre d'hôtel pour commander *(bestellen)* une ....
4. une porte de la salle de bain qui peut fermer ....
5. des serviettes *(Handtücher)* pliées *(gefaltet)* en forme d'.. .... un rat et un paresseux *(Faultier)*)

b) Regarde cet extrait encore une fois à une vitesse plus lente (→ Einstellungen: ⚙ Wiedergabegeschwindigkeit 0.75).
Maintenant, fais plus attention aux paroles *(Worte)* **de Squeezie et coche les deux bonnes réponses.**

Squeezie
- ☐ a) décrit ce qu'on voit.
- ☐ b) aime toutes ces inventions.
- ☐ c) dit comment il trouve ces inventions.
- ☐ d) recommande *(empfiehlt)* d'aller dans ces hôtels.
- ☐ e) se moque de *(macht sich lustig über)* toutes ces inventions.

25.1 123RF.com (Ilesia); **25.2** Imago (JBAutissier/Panoramic); **25.3** 123RF.com (sdcrea);
frankophone Youtuber/innen
ISBN 978-3-12-927949-6
Alles Digitale auf **www.allango.net**

3 Comme il est assez difficile de comprendre les paroles de Squeezie quand on apprend le français comme langue étrangère, c'est à toi de faire une nouvelle piste sonore *(Tonspur)* **que d'autres élèves peuvent bien comprendre.**

a) Regarde encore une fois la vidéo et appuie sur stop après chaque partie. Note des mots-clés pour la nouvelle piste sonore : 1. un mot charnière *(Verknüpfungswort)* **– 2. décris** *(beschreibe)* **les images – 3. dis comment tu trouves ça.**

👍 *c'est une bonne idée, c'est pratique (praktisch), super, génial, cool, original (originell), pas mal, j'aime ça, ça me plaît, ouah ! (wow), je voudrais aller dans cet hôtel et voir ça, …*

👎 *c'est une mauvaise idée, c'est nul, bizarre, ça ne me plaît pas, quelle horreur, …*

des mots charnières : *d'abord, ensuite, après, puis, …*
des descriptions : *avec ça, on peut…, c'est pour…, on a inventé ça parce que …*

1. (0:35 – 0:51)

2. (0:52 – 1:16)

3. (1:17 – 1:29)

4. (1:30 – 1:47)

5. (1:48 – 3:07)

b) Maintenant, regarde la vidéo sans son *(Ton)* **et dis tes phrases de la piste sonore à ton/ta voisin/e (ou enregistre-les** *(nimm sie auf)* **avec ton portable). Tu peux commencer comme ça (pour 0:00 – 0:34) :**

« Qu'est-ce que vous faites pendant les vacances ? Est-ce que vous allez chez vos grands-parents ou chez un oncle ou une tante ? Ou est-ce que vous allez dans un hôtel ? Moi, j'aime beaucoup les hôtels. Aujourd'hui, je vais vous montrer des choses spéciales qu'on trouve dans des hôtels. D'abord, … »

26.1 123RF.com (Jirjis Nailul Muna); **26.2, 26.3** 123RF.com (ihorsw); **26.4** 123RF.com (Pavlo Syvak)

ISBN 978-3-12-927949-6

5. Norman : *Les petites manies*

A2+

B1 B1+

Hintergrundinformationen zum Youtuber Norman

Norman (mit bürgerlichem Namen Norman Thavaud, * 1987) zeigt auf seinem Kanal viele lustige Videos (oft über Alltagsthemen) und ist mit 11,7 Millionen Abonnenten der Youtuber mit den drittmeisten Abonnenten (nach Squeezie und Cyprien).

Inhalt des Videoausschnitts (03:04 bzw. 04:02)

Norman erklärt, welche kleinen **alltäglichen Ticks/Macken** er hat: Er stellt sich beispielsweise viele Weck-Alarme hintereinander, trinkt vor dem Schlafengehen zu viel Wasser, legt alle Kleidungsstücke, die nach einmaligem Tragen weder sauber noch schmutzig sind, auf einen Stuhl in seinem Zimmer usw.

Zusätzliche Erläuterungen

Dieses Video bietet sich als Beispiel für den Aspekt „**Geldverdienen mit Youtube-Videos**" an (→ Kapitel 10), da etliche Produkt-Placements zu sehen sind und sogar ein Werbepart, den Norman selbst spricht und den man nicht überspringen kann. Durch den entsprechenden Beobachtungsauftrag (Aufgabe 2c) können die Lernenden dafür sensibilisiert werden. Ergänzend können die Lernenden vorher oder nachher die Kopiervorlagen von Kapitel 10 (Nicola Ricca) bearbeiten, aber die Aufgabe ist natürlich auch so ohne weitere Vertiefung möglich.

Leistungsschwächere Lernende können die **Wiedergabegeschwindigkeit verlangsamen**: Dazu muss unten rechts im Videofeld das 4. Symbol von rechts ⚙HD („Einstellungen") angeklickt werden, danach „Wiedergabegeschwindigkeit" und dann „0.75".

Lösungen

KV 5 A

1. die Buchstaben, die man für X einsetzen muss, ergeben hintereinander gelesen:
   macen tics + 2 Mal k hinzufügen = Macken, Ticks
2. **b)** alles außer b, c, g, j, l, o, q, v

KV 5 B

1. die Buchstaben, die man für X einsetzen muss, ergeben hintereinander gelesen:
   une abitude biare, + h + z + r hinzufügen = une habitude bizarre
2. **a)** a) réveils, b) froid, c) pieds, d) gros, e) beaucoup trop d'eau, f) livres, g) lire, h) toilettes, i) une chaise, j) la télé, regarder, k) ordi(nateur), l) films d'horreur, m) voiture, n) vêtements, chaise, o) clés, portable/téléphone, p) portable/téléphone, q) le moins, le plus, r) couteau, s) baguette, t) café, u) matin, soir
   c) – le partenariat avec des marques : on voit des bouteilles eau Évian (et ContreX), un ordinateur Apple, un slip d'Hugo Boss
   – la publicité pour NordVPN : Norman dit la publicité en tant que présentateur de télé, alors on doit forcément regarder toute cette publicité et on ne peut pas la sauter
   – l'affiliation : il y a un lien pour NordVPN dans les commentaires au-dessous de la vidéo (si on clique sur ce lien et on achète un abonnement, Norman gagne de l'argent)

Norman : *Les petites manies*

KV 5 A[1]

❶ Remplace *(ersetze)* **les X par les bonnes lettres – et tu peux lire la traduction du mot « manies ».**

NorXXn est un youtubeur très Xonnu qui fait dXs vidéos amusaXXes. Il a plus de 11,7 mXllions d'abonnés, alors il est aXtuellement à la troiXième place des youtubeurs français.

+ 2x k = ...

❷ a) Lis cette liste des petites manies et souligne des mots-clés.

la petite manie	de Norman	de moi aussi
a) mettre dix mille réveils *(Wecker)* sur son téléphone de peur de ne pas se réveiller le matin		
b) regarder souvent son portable		
c) dormir avec deux oreillers *(Kopfkissen)*		
d) mettre l'oreiller *(Kopfkissen)* du côté le plus froid *(am kältesten)*		
e) boire beaucoup trop d'eau avant de dormir		
f) sentir *(riechen)* l'intérieur *(Innere)* des livres sans les lire		
g) aimer tous les livres sur les chats		
h) lire des trucs super-chiants *(stinklangweilig)*		
i) s'enfermer aux toilettes même si on est tout seul		
j) passer toute la soirée devant l'ordinateur		
k) être assis sur une chaise n'importe comment *(irgendwie)*		
l) regarder souvent le journal télévisé *(Nachrichten)*		
m) mettre la télé pas pour la regarder, mais pour sentir *(spüren)* une présence		
n) tourner son ordinateur pour être allongé *(liegen)* et regarder une série		
o) manger toujours du popcorn pendant qu'on regarde un film		
p) les films d'horreur ne font pas peur, mais les cris *(Schreie)* de la personne à côté		
q) préférer être tout seul dans la voiture		
r) vérifier *(überprüfen)* qu'il n'y a personne sur la banquette arrière *(Rückbank)* de la voiture		
s) avoir une montagne de vêtements ni propres *(weder sauber)* ni sales *(noch schmutzig)* sur une chaise dans sa chambre		
t) vérifier non-stop si on a les clés *(Schlüssel)*, le portable et le portefeuille *(Brieftasche)*		
u) être en panique (d'avoir perdu son portable) pour rien		
v) toujours téléphoner avec son portable quand on est seul		
au total		

b) Regarde 0:00 – 3:04 deux fois. (Si tu veux, tu peux mettre la vitesse plus lente : Einstellungen ⚙ : Wiedergabegeschwindigkeit 0.75). Coche les petites manies de Norman dans la 2e colonne *(Spalte)*.

28.1 Alamy (ZUMA Press), Abingdon, UK;
28.2 123RF.com (sdcrea)

frankophone Youtuber/innen
ISBN 978-3-12-927949-6

Alles Digitale auf www.allango.net

c) **Est-ce que toi aussi, tu as des petites manies qui correspondent à celles** *(denen)* **de Norman ? Coche tes petites manies dans la colonne à droite et additionne le nombre des croix.**

KV 5 A²

d) **Estime** *(schätze)* **: combien de croix est-ce que ton/ta voisin/e a mis dans cette colonne à droite ? Dis-lui le nombre. Après, ton/ta voisin/e te dit si tu as à peu près** *(ungefähr)* **raison et il/elle te montre sa liste des croix – et vice versa** *(umgekehrt)*.

❸ a) **Quelles sont tes petites habitudes** *(Gewohnheiten)* **de chaque jour ? Note trois choses – deux sont vraies, une est fausse.**

Le matin, je...
Quand je suis rentré/e de l'école, je...
Tous les lundis après-midis, je...
Le soir, avant de m'endormir, je...
Sur mon portable, je..., etc.

b) **Mettez-vous à quatre. Lis ta liste à tes camarades. Après, ils/elles montrent du doigt** *(Finger)* **quelle manie/habitude est fausse à leur avis : la première, la deuxième ou la troisième. Tu leur dis la solution. Qui a montré le bon nombre ? Il/Elle note une croix sur son papier.**

Faites ça à tour de rôle. Qui de votre groupe a le plus de croix à la fin ? Il/Elle a gagné.

29.1 123RF.com (Jirjis Nailul Muna); **29.2** 123RF.com (nndanko); **29.3** 123RF.com (Konstantin Mironov)

frankophone Youtuber/innen
ISBN 978-3-12-927949-6

Norman : *Les petites manies*

❶ Remplace les X par les bonnes lettres – et tu peux lire une explication du mot « manie ».

Norman est Xn youtubeur très coXnu avXc plus de 11,7 millions d'XXonnés, alors Xl est acXXellement à la troisième place Xes youtubXurs français. Il a fait Xeaucoup de vXdéos Xmusantes suX des choses quotidiXnnes.

+ h + z + r = ...

❷ a) Regarde 0:00 – 4:02 deux fois. (Si tu veux, tu peux mettre la vitesse plus lente : Einstellungen ⚙HD : Wiedergabegeschwindigkeit 0.75). Complète la liste des petites manies de Norman.

a) mettre dix mille .... sur son téléphone de peur de ne pas se réveiller le matin
b) mettre l'oreiller *(Kopfkissen)* du côté le plus ....
c) coincer *(einklemmen)* la couette *(Decke)* avec ses .... comme pour la verrouiller *(verriegeln)*
d) caresser ses .... orteils *(Zehen)* mécaniquement
e) boire .... juste avant de dormir
f) sentir l'intérieur des .... sans les lire
g) .... attentivement des trucs super-chiants *(stinklangweilig)*
h) s'enfermer aux .... même si on est tout seul
i) être assis sur .... n'importe comment *(irgendwie)*
j) mettre .... pas pour la ...., mais pour sentir une présence
k) tourner son .... pour être allongé *(liegen)* et regarder une série
l) les .... ne font pas peur, mais les cris de la personne à côté
m) vérifier *(überprüfen)* qu'il n'y a personne sur la banquette arrière (*Rückbank*) de la ....
n) avoir une montagne de .... ni propres ni sales sur une .... dans la chambre
o) vérifier non-stop si on a sur les ...., le .... et le portefeuille
p) être en panique (d'avoir perdu son ....) pour rien
q) manger de l'aliment *(Lebensmittel)* qu'on aime .... à celui qu'on aime ....

30.1 Alamy (ZUMA Press), Abingdon, UK;
30.2 123RF.com (sdcrea);
frankophone Youtuber/innen
ISBN 978-3-12-927949-6
Alles Digitale auf www.allango.net

r) poser le .... sur le bord de l'évier *(Spüle)*
s) manger un peu de .... avant d'arriver à la maison
t) être accro *(süchtig)* au ....
u) manger peu le .... et beaucoup le ....

b) Quelles petites manies de Norman est-ce que tu comprends ? Lesquelles est-ce que tu trouves amusantes, bizarres, etc. ?
Commente quelques petites manies de cette liste à ton/ta voisin/e – et il/elle te dit s'il/si elle est d'accord avec toi. Puis, changez de rôle.

je comprends, je trouve amusant/bizarre/fou, etc. que Norman…
+ subjonctif
Moi aussi. / Moi non plus. / Non, moi je trouve…

c) Analyse : comment est-ce que Norman gagne de l'argent avec sa vidéo ? Regarde l'extrait encore une fois et note quels partenariats avec des marques, etc. on voit.

....

....

....

La première chose que je fais le matin / quand je suis rentré/e de l'école, c'est…
Tous les lundis après-midis, je…
Le soir, avant de m'endormir, je…
Sur mon portable, je…, etc.

3 Note cinq autres petites habitudes de chaque jour et lis-les à ton/ta voisin/e. Il/Elle doit deviner combien correspondent aux tiennes *(deine)* **et lesquelles.**

1.
2.
3.
4.
5.

ISBN 978-3-12-927949-6

6. Hugoposé : *Ma pire connerie en cours*

A2+

B1 B1+

Hintergrundinformationen zum Youtuber Hugoposé

Hugoposé/Hugoposay (mit bürgerlichem Namen Hugo, * 1999) hat schon im Alter von 11 Jahren seinen Youtube-Kanal begonnen und inzwischen mehr als 4,76 Millionen Abonnenten. Er erzählt beispielsweise Anekdoten oder präsentiert lustige, von ihm zusammengeschnittene Videos (von TikTok® und Facebook®, alte Werbungen usw.).

Inhalt des Videoausschnitts (03:22 bzw. 04:42)

Hugoposé erzählt **Anekdoten aus seiner Schulzeit**: Bei den „examens blancs" gab er bei der Lehrkraft ein altes Handy ab und schmuggelte sein Handy im Schuh mit aufs Klo, um dort nach einer Lösung zu googeln – aber beim Zurückkommen war plötzlich der Ton des Sprachassistenten Siri zu hören. Oder ein Kumpel konnte durch einen Trick immer mehrere Nachtische in der Kantine ergattern: er ging nochmal zur Theke zurück und meinte zum Personal, er habe das Brot vergessen, und nahm sich dabei gleich noch einen oder mehrere Joghurtbecher mit.

Zusätzliche Erläuterungen

Zum besseren Verständnis empfiehlt es sich, die **Wiedergabegeschwindigkeit** zu **verlangsamen**: Dazu muss unten rechts im Videofeld das 4. Symbol von rechts („Einstellungen") angeklickt werden, danach „Wiedergabegeschwindigkeit" und dann „0.75".
Damit das Satzpuzzle bei Aufgabe 1 ausgeschnitten werden kann, sollten die beiden KVs **nicht doppelseitig kopiert**, sondern als Einzelseiten ausgeteilt werden. Die Lernenden können dann die Puzzleteile in der richtigen Reihenfolge sowie den unteren Teil der ersten Seite auf die leere Rückseite von Seite 2 aufkleben.
Die **Klassenumfrage** bei Aufgabe 3 wird am zeitökonomischsten so durchgeführt: Die Lehrkraft oder ein/e Lernende/r stellt nacheinander die entsprechenden Fragen („*Qui trouve Hugoposé très sympathique ?*" usw.) und die Lernenden, die diese Frage mit „*oui*" beantworten, melden sich. Die Anzahl der gestreckten Hände wird gezählt.

Lösungen

KV 6 A

2. a) 1 d, 2 b, 3 h, 4 g, 5 j, 6 e, 7 l, 8 a, 9 m, 10 k, 11 c, 12 i, 13 f

b) l'histoire est fausse → on ne peut pas trouver la solution de toute une rédaction (avec thèse – antithèse – prothèse, cf. 1.52) sur Internet

KV 6 B

2. a) 1 d, 2 b, 3 h, 4 g, 5 j, 6 e, 7 l, 8 a, 9 m, 10 k, 11 c, 12 i, 13 f
les quatre fautes : d) des examens blancs en ~~anglais~~ → en français ; c) les poches de ~~sa veste~~ → son pantalon ; e/f) dans sa ~~chaussette~~ → chaussure ; l) le bruit ~~d'un texto~~ → de Siri *(Sprachassistent)*

b) un copain d'Hugoposé, yaourts, du pain, une bonne action, jette les restes de la nourriture à la poubelle

c) – il y a le bac blanc / des examens blancs (qui ont même lieu le samedi)
– il faut écrire une rédaction à propos d'un corpus de textes qu'on connaît d'avance
– on voit le système de notes différent (0–20) et le papier différent des cahiers (la réglure Seyès) (0.47)
– à la cantine, il y a toujours un menu complet avec un dessert et aussi du pain

d) la première anecdote est fausse → on ne peut pas trouver la solution de toute une rédaction (avec thèse – antithèse – prothèse, cf. 1.52) sur Internet

Hugoposé : *Ma pire connerie* (schlimmster Blödsinn) en cours

KV 6 A[1]

❶ a) Raconte à ton/ta voisin/e : Tu te souviens d'une situation où un/e camarade a fait une connerie en classe ? Laquelle *(welche)* **?**

b) Voilà l'histoire d'une connerie en cours. Découpe les pièces *(Teile)* **de puzzle et mets-les dans un ordre logique sur la table.**

a) *Le prof le regarde et demande : « C'était quoi ce bruit ? »*

b) *Au début de l'examen, on doit déposer* (abgeben) *son portable.*

c) *Il montre les poches* (Taschen) *de son pantalon.*

d) *Hugo a des examens blancs* (Probeklausuren) *en français (où il faut écrire une rédaction* (Aufsatz) *à propos d'un corpus* (Sammlung) *de textes). Mais il est un mauvais élève.*

e) *Après, il met son portable dans sa chaussure.*

f) *La conclusion d'Hugo : Il faut mettre le téléphone dans sa chaussure – non, il ne faut pas tricher* (mogeln).

g) *Alors, Hugo dépose son ancien portable et garde son vrai téléphone.*

h) *Hugo se souvient qu'après un autre examen, un camarade a pris le portable d'Hugo parce qu'ils avaient les mêmes portables.*

i) *Tout se passe bien, le prof ne voit pas le portable.*

j) *Hugo ne sait pas quoi écrire, donc il va aux toilettes et cherche la solution sur Internet avec son portable.*

k) *Il dit qu'il n'a pas de téléphone.*

l) *Quand il entre dans la salle, on entend tout à coup le bruit de Siri* (Sprachassistent).

m) *Hugo répond : « Quel bruit ? »*

❷ Tu vas voir le début d'une vidéo d'Hugoposé, un youtubeur qui a commencé sa chaîne *(Kanal)* **à 11 ans et a plus de 4,76 millions d'abonnés actuellement.**

a) Regarde 0 – 3:22 (deux fois) à une vitesse plus lente (→ Einstellungen HD : Wiedergabegeschwindigkeit 0.75). Contrôle ton puzzle : Est-ce que les pièces sont dans l'ordre de l'histoire d'Hugoposé ? Note le bon ordre ici.

1 ...., 2 ...., 3 ...., 4 ...., 5 ...., 6 ...., 7 ....,

8 ...., 9 ...., 10 ...., 11 ...., 12 ...., 13 ....

frankophone Youtuber/innen
ISBN 978-3-12-927949-6
Alles Digitale auf www.allango.net

KV 6 A²

b) Au début de la vidéo, Hugoposé dit qu'il va raconter 3 histoires – deux sont vraies, une est fausse. Raconte à ton/ta voisin/e : Tu crois que cette histoire est vraie ou pas – et pourquoi ?
Après, discutez en classe.

❸ a) Encercle le graphique qui correspond à ton opinion.

Je trouve Hugoposé très – un peu – pas sympathique.

Je trouve les images de la vidéo (avec des scènes d'autres films) super – bof – nulles.

b) Qu'est-ce que tu penses : Quelle est l'opinion de tes camarades de classe ?
À côté de chaque graphique, note le nombre d'élèves qui ont – à ton avis – encerclé ce graphique.
Présente ton estimation *(Schätzung)* **à ton/ta voisin/e.**

c) Faites un sondage *(Umfrage)* **en classe.**
Qui de vous a estimé le mieux *(am besten)* **l'opinion des autres ?**

À mon avis, / Je pense que / Je crois que / J'estime (schätze) que X élèves trouvent…

34.1 123RF.com (stmool); 34.2, 34.3, 34.4, 34.5, 34.6, 34.7 123RF.com (alhovik); 34.8 123RF.com (Jirjis Nailul Muna);

frankophone Youtuber/innen
ISBN 978-3-12-927949-6

Hugoposé : *Ma pire connerie* (schlimmster Blödsinn) en cours

KV 6 B[1]

❶ a) Imagine une connerie qu'on peut faire en cours et raconte-la à ton/ta voisin/e.

b) Voilà l'histoire d'une connerie en cours. Découpe les pièces de puzzle et mets-les dans un ordre logique sur la table.

a) *Le prof l'a regardé et a demandé : « C'était quoi ce bruit ? »*

b) *Au début de l'examen, on a dû déposer* (abgeben) *son portable.*

c) *Il a montré les poches de sa veste.*

d) *Hugo avait des examens blancs* (Probeklausuren) *en anglais (où il fallait écrire une rédaction* (Aufsatz) *à propos d'un corpus* (Sammlung) *de textes). Mais il était un mauvais élève.*

e) *Après, il a mis son portable dans sa chaussette* (Strumpf).

f) *La conclusion d'Hugo : Il faut mettre le téléphone dans sa chaussette – non, il ne faut pas tricher* (mogeln).

g) *Alors, Hugo a déposé son ancien portable et a gardé son vrai téléphone.*

h) *Hugo s'est souvenu qu'après un autre examen, un camarade avait pris le portable d'Hugo parce qu'ils avaient les mêmes portables.*

i) *Tout s'est bien passé, le prof n'a pas vu le portable.*

j) *Comme Hugo ne savait pas quoi écrire, il est allé aux toilettes et a cherché la solution sur Internet avec son portable.*

k) *Il a dit qu'il n'avait pas de téléphone.*

l) *Quand il entrait dans la salle, on a tout à coup entendu le bruit d'un texto.*

m) *Hugo a répondu : « Quel bruit ? »*

❷ Tu vas voir deux extraits d'une vidéo d'Hugoposé, un youtubeur qui a commencé sa chaîne (Kanal) **à 11 ans et a plus de 4,76 millions d'abonnés actuellement.**

a) Regarde 0 – 3:22 (deux fois) à une vitesse plus lente (→ Einstellungen ⚙HD : Wiedergabegeschwindigkeit 0.75). Contrôle ton puzzle : Est-ce que les pièces sont dans l'ordre de l'histoire d'Hugoposé ? Note le bon ordre et corrige les quatre fautes du texte du puzzle :

1 ...., 2 ...., 3 ...., 4 ...., 5 ...., 6 ...., 7 ....,

8 ...., 9 ...., 10 ...., 11 ...., 12 ...., 13 ....

Les quatre fautes : ....

35.1 123RF.com (Kanate chainapong); 35.2 123RF.com (Volha Hlinskaya); 35.3 123RF.com (sdcrea)

frankophone Youtuber/innen
ISBN 978-3-12-927949-6

Alles Digitale auf **www.allango.net**

b) **Regarde 3:23 – 4:42 (deux fois à une vitesse plus lente) et souligne la bonne alternative.**

À la cantine, Hugoposé / un copain d'Hugoposé a toujours 2, 3 ou 4 yaourts / mousses au chocolat comme dessert (et pas un seul dessert comme les autres). Sa technique ? Il prend son plateau *(Tablett)*, après, il repart et dit « excusez-moi, j'ai oublié de prendre du pain / mon dessert » – et en même temps, il prend encore un ou plusieurs pot(s) *(Becher)* quand le serveur ne regarde pas. Il pense qu'il fait une bonne / mauvaise action parce que la cantine jette les restes de la nourriture *(Essen)* à la poubelle / donne les restes de la nourriture aux pauvres *(Arme)*.

c) **Les deux anecdotes montrent la vie à l'école en France. Raconte à ton/ta voisin/e : Qu'est-ce qui est différent en comparaison avec l'Allemagne ?**

d) **Au début de la vidéo, Hugoposé dit qu'il va raconter 3 anecdotes – deux sont vraies, une est fausse. Dis à ton/ta voisin/e : À ton avis, quelle anecdote est vraie/fausse – et pourquoi ?**

3 a) **Dessine l'aiguille** *(Zeiger)* **et colorie le nombre d'étoiles qui expriment ton opinion.**

Je trouve Hugoposé sympathique comme ça :

Je trouve les images de la vidéo (avec des scènes d'autres films) comme ça :

- X élèves sur X, environ / à peu près un tiers, la moitié, la plupart…
- très / assez / un peu / pas trop / pas du tout sympathique

b) **Qu'est-ce que tu penses : Combien de tes camarades de classe ont marqué quelle case** *(Feld)* **de sympathie et combien d'étoiles ? Note les nombres que tu estimes** *(schätzt)* **à côté des graphiques et présente-les à ton/ta voisin/e.**

c) **Faites un sondage en classe. Qui de vous a estimé le mieux l'opinion des autres ?**

36.1 123RF.com (microone); 36.2 123RF.com (Pavlo Stavnichuk); 36.3 Getty Images (currantcrescent); 36.4 123RF.com (Jirjis Nailul Muna)
frankophone Youtuber/innen
ISBN 978-3-12-927949-6
Alles Digitale auf www.allango.net

7. Léna Situations : *Challenge : 48 heures sans mon téléphone*

A2+

B1 B1+

Hintergrundinformationen zur Youtuberin Léna Situations

Léna Situations (mit bürgerlichem Namen Léna Mahfouf, *1997) macht Lifestyle- und Mode-Videos und wurde vom Wirtschaftsmagazin Forbes als *„la plus puissante influenceuse luxe du monde"* in die Liste der „30 under 30"-Jährigen aufgenommen, denen man unbedingt folgen müsse. Sie ist nicht nur Social Media-Influencerin, die mit bekannten Marken (Adidas, Dior...) kooperiert, sondern auch Buchautorin *(„Toujours plus")* und war als erste französische Influencerin zur renommierten „Met Gala" in New York eingeladen.

Inhalt der Videoausschnitte (06:42 bzw. 15:00)

Léna Situations macht ein **handyfreies Wochenende** und zeigt sowohl **lustige Situationen**, in denen sie ohne ihr Handy auskommen muss (sie hat keine Uhr, keine App zum Essen-Bestellen, kein Internet zum Rezept-Googeln usw.), als auch für welche **schönen Aktivitäten sie stattdessen Zeit** hat (Spazierfahrt durch Paris und Picknick an der Seine). Ihr Fazit lautet: Das Handy ist sehr nützlich, aber es ist manchmal ein Zeit-Fresser.

Zusätzliche Erläuterungen

Zum besseren Verständnis empfiehlt es sich, für Klassen auf niedrigerem Niveau und für leistungsschwächere Lernende die **Wiedergabegeschwindigkeit** zu **verlangsamen**: Dazu muss unten rechts im Videofeld das 4. Symbol von rechts („Einstellungen ⚙HD") – „Wiedergabegeschwindigkeit" – „0.75" angeklickt werden.

Lösungen

KV 7 A

2. b) 7 heures 20, 892 messages WhatsApp et 439 e-mails, accro, pendant tout le week-end (un week-end / 48 heures). L'ordinateur et la télé

c) 1. l'heure, la lampe de poche, l'appli pour commander à manger (Uber Eats), l'appli de météo, Internet/Google (pour chercher une recette); 2. c; 3. e

d) elle s'ennuie, se balader, au bord de la Seine; e) a, b, d, h

KV 7 B

2. a) 7 heures 20, l'ordinateur et la télé

b) 1. 1. l'heure, 2. l'appli pour commander à manger (Uber Eats), 3. Internet/Google (pour chercher une recette), 4. la lampe de poche, 5. l'appli de météo
2. pour regarder (les ingrédients dans) le livre de recettes. 3. aller chez sa mère

c) elle s'ennuie, se balader, au bord de la Seine, elle n'aurait jamais fait ça

d) **12:24–15:25**: Léna prend une douche et chante en même temps (parce qu'elle n'a pas son portable avec de la musique). Après, elle range et nettoie son appartement (au lieu de rester une heure dans sa serviette et de regarder Tiktok), elle est beaucoup plus rapide et efficace que normalement. Puis, elle prend l'apéro et mange une pizza surgelée.
16:22–19:58: Le soir au lit, Léna lit un livre (parce qu'elle ne peut pas regarder des vidéos de Tiktok). Le lendemain, elle dort trop longtemps parce que son réveil n'a pas sonné plusieurs fois (comme le portable). Puis, elle achète un journal et le lit (parce qu'elle ne peut pas regarder Twitter pour s'informer). Après, elle fait des bougies elle-même (au lieu de regarder des vidéos comment on les fait) ; la première bougie n'est pas réussie, mais la deuxième bougie est jolie. Ensuite, elle est aux toilettes et s'ennuie. À la fin, elle note des idées pour des nouvelles vidéos.

e) 1. a, b, d, h; 2. b, d

Léna Situations : *Challenge : 48 heures sans mon téléphone* KV 7 A[1]

❶ Complète les phrases avec des nombres et lis-les à ton/ta voisin/e.

Moi, je passe environ .... heures par *(pro)* jour sur mon téléphone.

Par jour, je reçois environ .... messages WhatsApp et .... e-mails.

❷ Tu vas voir des extraits *(Ausschnitte)* **d'une vidéo de Léna Situations (Léna Mahfouf) qui est actuellement l'influenceuse** *(Influencerin)* **luxe la plus puissante** *(mächtigste)* **du monde.**

a) Imagine comment elle pourrait *(könnte)* **compléter les phrases de l'exercice 1 et dis-les à ton/ta voisin/e.**

b) Regarde 0:00 – 1:21 (deux fois) à une vitesse plus lente (→ Einstellungen ⚙ : Wiedergabegeschwindigkeit 0.75) et complète le texte.

Elle passe environ .... heures .... par jour sur son téléphone. Par jour, elle reçoit environ .... messages WhatsApp et .... e-mails. Elle dit qu'elle est a .... *(süchtig)* à son téléphone. Alors, elle a décidé : pas de téléphone pendant .... et .... sont aussi interdits *(verboten)* pendant ce temps.

c) Regarde 2:15 – 5:37 (deux fois, aussi à une vitesse plus lente). Coche les 5 bons symboles et relie.

1. Quelles applis *(Apps)* et fonctions du portable lui manquent *(fehlen)* dans ces scènes ?

☐ ☐ ☐ ☐ ☐ ☐ ☐ ☐

2. Elle rentre chez elle avant de retourner au supermarché pour…

3. Après, elle veut aller chez sa mère pour…

☐ a) aller chercher *(holen)* des CD.
☐ b) aller chercher de l'argent.
☐ c) regarder le livre de recettes.
☐ d) aller chercher un appareil *(Apparat)* photo.
☐ e) aller chercher un moule *(Backform)* pour le gâteau.

38.1 123RF.com (Kanate chainapong); 38.2 AFP Gruppe Deutschland (GEOFFROY VAN DER HASSELT / AFP); 38.3 123RF.com (sdcrea); 38.4, 38.5, 38.8, 38.10 123RF.com (Anna Plonsak); 38.6 123RF.com (yoginta); 38.7 123RF.com (vgraphix); 38.9 123RF.com (klyaksun); 38.11 123RF.com (Roman Bykhalets)

frankophone Youtuber/innen
ISBN 978-3-12-927949-6

Alles Digitale auf **www.allango.net**

KV 7 A²

d) Léna va chez sa mère, fait un gâteau – et après ?
Regarde 10:04 – 11:14 et souligne la bonne alternative.

Sans portable, elle s'ennuie *(langweilt sich)* / est de mauvaise humeur *(Laune)* / ne peut pas lire les messages de ses amis. Alors, elle veut aller chez une amie / se balader *(spazieren gehen/fahren)* / faire du shopping. Elle fait une pause pique-nique devant la tour Eiffel / sur un banc / au bord de la Seine.

e) Quelle est la conclusion de Léna après les 48 heures sans portable ?
Regarde 20:12 – 21:01 (deux fois, à une vitesse plus lente) et coche les 4 bonnes phrases.

- ☐ a) Elle se sent très relaxée.
- ☐ b) Elle se sent un peu seule.
- ☐ c) Elle dit que le temps est passé assez vite.
- ☐ d) Elle a été plus productive que normalement.
- ☐ e) Elle pense qu'on perd du temps sans portable.
- ☐ f) Elle a raté *(verpasst)* des messages importants.
- ☐ g) Elle dit que c'était une bonne expérience *(Erfahrung)*, mais qu'elle ne veut plus jamais faire ça.
- ☐ h) Elle pense que le portable est très utile *(nützlich)*, mais qu'il fait *(lässt)* parfois perdre du temps.

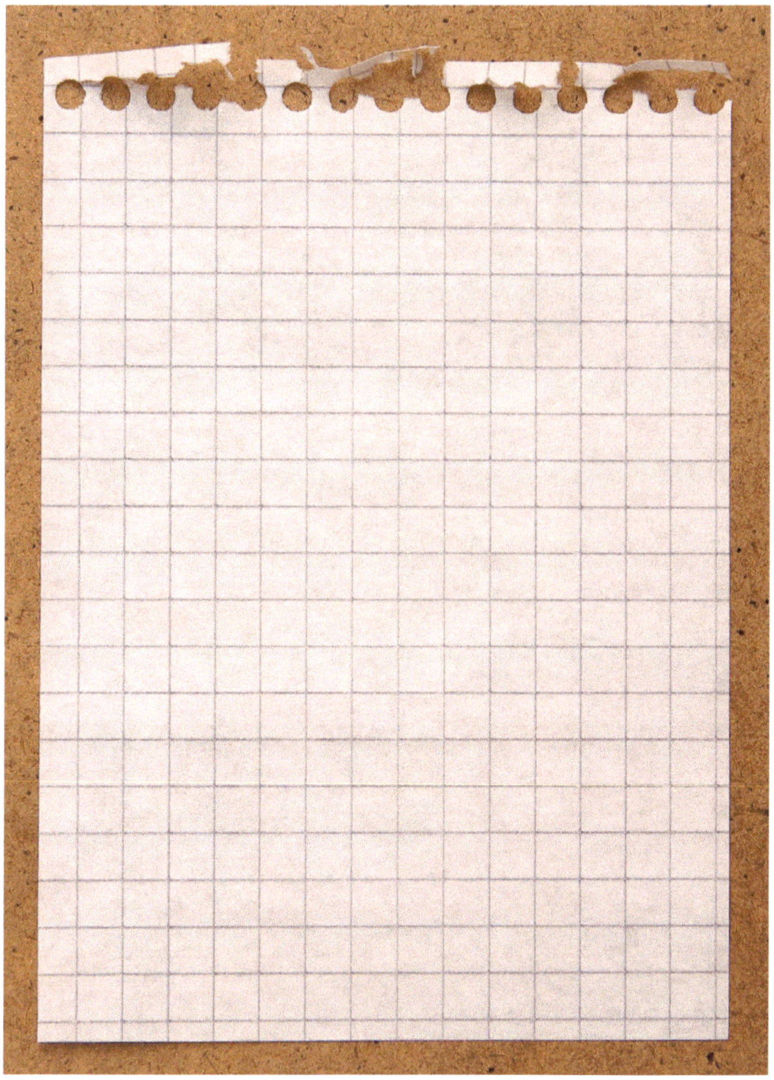

❸ a) Tu as vu seulement quelques extraits de la vidéo. Imagine d'autres scènes du week-end sans portable : quelles applis et fonctions du portable manquent – et qu'est-ce que Léna fait alors ? Note des mots-clés (sans les montrer à ton/ta voisin/e) pour un monologue minute.

b) Note 6 mots que ton/ta voisin/e va probablement *(wahrscheinlich)* dire dans son monologue minute.

c) Maintenant, fait ton monologue. Ton/Ta voisin/e coche les mots qu'il/elle a entendus dans sa liste. Après, changez de rôle.

Qui de vous a coché plus de mots ? Il/Elle a gagné.

frankophone Youtuber/innen
ISBN 978-3-12-927949-6

Léna Situations : *Challenge : 48 heures sans mon téléphone* KV 7 B[1]

❶ Raconte à ton/ta voisin/e.

> 48 heures sans portable, ce serait pour moi...
> Ce qui me manquerait le plus, c'est... parce que...
> Un aspect positif serait peut-être que...

❷ Tu vas voir des extraits d'une vidéo de Léna Situations (Léna Mahfouf) qui est actuellement l'influenceuse *(Influencerin)* **luxe la plus puissante** *(mächtigste)* **du monde.**

a) Regarde 0:00 – 1:21 (si tu veux à une vitesse plus lente (→ Einstellungen : Wiedergabegeschwindigkeit 0.75) et complète le texte.

Elle dit qu'elle est a……………… à son téléphone parce qu'elle y passe environ ……… heures ……… par jour. Alors, elle a décidé de prendre des mesures drastiques : pas de téléphone pendant tout un week-end, ……………………… et ……………………… sont aussi interdits pendant ce temps.

b) Regarde 2:15 – 5:37. Numérote les 5 bons symboles dans le bon ordre et termine les phrases.

1. Quelles applis *(Apps)* et fonctions du portable lui manquent dans ces scènes ?

2. Elle rentre chez elle avant de retourner au supermarché pour …………………………………………….
3. Elle n'a pas de moule *(Backform)* pour le gâteau, alors elle veut aller …………………………………………….

40.1 123RF.com (Kanate chainapong); 40.2 AFP Gruppe Deutschland (GEOFFROY VAN DER HASSELT / AFP); 40.3 123RF.com (sdcrea); 40.4,40.5, 40.8, 40.10 123RF.com (Anna Plonsak); 40.6 123RF.com (yoginta); 40.7 123RF.com (vgraphix); 40.9 123RF.com (klyaksun); 40.11 123RF.com (Roman Bykhalets)
frankophone Youtuber/innen
ISBN 978-3-12-927949-6
Alles Digitale auf www.allango.net

**c) Léna va chez sa mère, fait un gâteau – et après ?
Regarde 10:04 – 12:23 et souligne la bonne alternative.**

Sans portable, elle s'ennuie *(langweilt sich)* / est de mauvaise humeur *(Laune)* / ne peut pas lire les messages de ses amis. Alors, elle veut aller chez une amie / se balader *(spazieren gehen/fahren)* / faire du shopping à Paris. Elle fait une pause pique-nique devant la tour Eiffel / sur un banc / au bord de la Seine. Elle dit qu'elle aimerait chatter avec des amis à cet endroit / n'aurait jamais fait ça / aurait fait une story de ça pour insta(gram) si c'était une journée normale avec son portable, elle a l'impression d'être en vacances.

d) Qu'est-ce que Léna fait pendant le reste des 48 heures ? Mettez-vous à deux : l'un/e regarde 12:24 – 15:25, l'autre regarde 16:22 – 19:58. Après, racontez à l'autre ce qui se passe dans votre extrait.

e) À la fin de la vidéo, les 48 heures sont passées. Regarde 19:58 – 21:19 et coche les bonnes phrases.

1. Quelle est la conclusion de Léna ?

- ☐ a) Elle se sent très relaxée.
- ☐ b) Elle se sent un peu seule.
- ☐ c) Elle dit que le temps est passé assez vite.
- ☐ d) Elle a été plus productive que normalement.
- ☐ e) Elle pense qu'on perd du temps sans portable.
- ☐ f) Elle a raté *(verpasst)* des messages importants.
- ☐ g) Elle dit que c'était une bonne expérience *(Erfahrung)*, mais qu'elle ne veut plus jamais faire ça.
- ☐ h) Elle pense que le portable est très utile *(nützlich)*, mais qu'il fait *(lässt)* parfois perdre du temps.

2. Qu'est-ce qu'elle veut changer à l'avenir ?

- ☐ a) Le matin, elle ne veut pas regarder des vidéos de Tiktok.
- ☐ b) Le soir, après sa douche, elle ne veut plus prendre son portable.
- ☐ c) Elle veut plus souvent prendre le temps de se balader sans portable.
- ☐ d) Le matin, elle ne veut plus prendre son portable pendant des heures.
- ☐ e) Elle veut regarder moins de vidéos de Tiktok pour être plus productive.

3 On ne peut pas seulement faire le challenge « 48 heures sans son téléphone », mais aussi …

a) Prépare un monologue minute sur un des sujets suivants et note des mots-clés.

48h sans parler

48h sans manger

48h sans quitter sa chambre

48h sans électricité

48h sans dormir

48h sans pensées négatives

b) Mettez-vous à trois. Dis ton sujet aux autres. Les deux autres notent 10 mots qu'ils s'attendent à entendre dans ton monologue.

**c) Fais ton monologue. Les deux autres cochent les mots qu'ils ont entendus dans leur liste.
Après, ils comparent leur liste : Qui a coché plus de mots ? Il/Elle a gagné.
Après, changez de rôle – deux fois, jusqu'à ce que chacun/e d'entre vous ait fait son monologue.**

frankophone Youtuber/innen
ISBN 978-3-12-927949-6
Alles Digitale auf www.allango.net

8. Denyzee : *Riche vs pauvre pendant une journée (prank)*

A2+

B1 B1+

Hintergrundinformationen zur Youtuberin Denyzee

Denyzee (mit bürgerlichem Namen Delphine Giuliano) ist eine Französin, die in Quebec lebt, und mit über 2,26 Millionen Abonnenten die erfolgreichste Youtuberin Quebecs. Sie macht lustige Videos: zum einen zu den Unterschieden zwischen Frankreich und Québec, zum anderen mit *„expériences sociales"*, indem sie sich verkleidet (*je me fais passer pour la reine d'Angleterre, 100 % tatouée, chic vs. gothique* usw.) und die Reaktionen der Leute filmt.

Inhalt der Videoausschnitte (09:49)

Für diesen „Prank" *(Streich)* **verkleidet sich Denyzee einmal als Reiche und einmal als Obdachlose** und lässt sich bei den **gleichen Handlungen mit versteckter Kamera** filmen, um zu testen, wie sehr die Reaktionen der Menschen vom unterschiedlichen Aussehen bestimmt werden: Sie fällt hin, sie bittet Passanten, ihr etwas aus einem Mülleimer zu holen, und sie bittet um Geld. Ihr Fazit: Man sollte niemanden nach dem Aussehen beurteilen, denn das Herz schlägt bei allen Menschen gleich.

Zusätzliche Erläuterungen

Bei diesem Video gibt es – im Unterschied zu den restlichen Videos dieses Buches – **manuell hinzugefügte französische Untertitel** (und nicht nur „automatisch generierte" mit vielen Fehlern, die die Lernenden eher verwirren anstelle das Verständnis zu erleichtern) – diese Untertitel können als Hilfe für Niveau A bzw. leistungsschwächere Lernende rechts unten im Video eingestellt werden.
Die **letzte Aufgabe 3b/3c** wird am einfachsten so realisiert, dass alle Arbeitsblätter auf den Plätzen liegen bleiben und die Lernenden **mit einem Stift durch das Klassenzimmer gehen**, die Kommentare der anderen lesen und ggf. „liken", indem sie den Daumen ankreuzen und/ oder eine Strichliste unter dem Daumen anlegen, um die „Likes" zu zählen.

Lösungen

KV 8 A

1. QUÉBEC

2. a) 1. riche, 2. pauvre, 3. voir si… ; **b)** D'abord : c – Ensuite : b – Puis : a

c) 1. riche : oui ; pauvre : oui, oui | 2. riche : oui, un stylo très cher, oui ; pauvre : non, une photo de famille, trois quarts d'heure | 3. riche : oui, seulement très peu de temps ; pauvre : oui, une demi-heure ; **d)** b, c, e, g

KV 8 B

1. Française, Québec

2. a) une (personne) riche / quelqu'un de riche / une millionnaire – une personne pauvre / quelqu'un qui vit dans la rue / une SDF – joue un rôle important / est importante (dans notre société)

b) D'abord, Denyzee se maquille. Ensuite, elle s'habille / met ses vêtements. Puis, elle montre les caméras cachées et les deux hommes qui vont l'accompagner.

c) 1. riche : oui ; pauvre : oui, oui
2. riche : oui, l'objet : un stylo très cher (de 2000 dollars), Un homme veut sortir avec elle / la draguer ; pauvre : non, l'objet : une photo de famille, 45 minutes
3. riche : oui, seulement très peu de temps ; pauvre : oui, 30 minutes

d) b, c, e, g ; avec un livre (et sa couverture)

Denyzee : *Riche vs pauvre pendant une journée (prank)*

KV 8 A[1]

❶ Mets les lettres dans le bon ordre.

Tu vas voir une vidéo de Denyzee, une Française qui habite au… et qui est la youtubeuse n° 1 du…

UBCÉQE → ……………………………………

❷ a) Regarde le début de sa vidéo (0:00 – 1:15) deux fois avec des sous-titres (en bas de la vidéo à droite + HD Französisch). Souligne la bonne alternative.

1. D'abord, Denyzee va jouer une personne riche / pauvre.
2. Le jour après, elle va jouer une personne riche / pauvre.
3. Son objectif *(Ziel)* est de …
   tester si les gens la reconnaissent *(erkennen)*. /
   filmer les commentaires des gens à propos des riches et des pauvres. /
   voir si l'apparence *(Aussehen)* est très ou peu importante dans notre monde.

b) Regarde les préparations (1:15 – 3:35) et relie ce qui va ensemble.

D'abord (1:15 – 2:49),
Ensuite (2:50 – 3:12),
Puis (3:13 – 3:35),

a) Denyzee montre les caméras cachées *(versteckt)* et les deux hommes qui vont l'accompagner.
b) Denyzee met ses vêtements.
c) Denyzee se maquille *(schminkt sich)*.

c) Voilà trois situations de la vidéo. Comment est-ce que tu imagines les réactions des gens ? Coche ton opinion (« je pense… »). Après, regarde les extraits *(Auszüge)* et coche les bonnes réponses.

1. Est-ce que les gens vont aider une personne… qui est tombée par terre ? **(extrait : 3:36 – 5:09)**

riche

je pense : ☐ oui ☐ non
dans la vidéo : ☐ oui ☐ non

pauvre

je pense : ☐ oui ☐ non
dans la vidéo : ☐ oui ☐ non
Les gens ont le préjugé *(Vorurteil)* qu'elle est bourrée (= a bu trop d'alcool). ☐ oui ☐ non

2. Est-ce que les gens vont aider une personne… à chercher quelque chose dans la poubelle ? **(extrait : 6:28 – 9:02).**

riche

je pense : ☐ oui ☐ non
dans la vidéo : ☐ oui ☐ non
Elle cherche ☐ son porte-monnaie ☐ une photo de famille ☐ un stylo très cher.
Un homme lui demande de sortir avec elle. ☐ oui ☐ non

pauvre

je pense : ☐ oui ☐ non
dans la vidéo : ☐ oui ☐ non
Elle cherche ☐ son porte-monnaie ☐ une photo de famille ☐ un stylo.
Elle attend ☐ une demi-heure ☐ trois quarts d'heure ☐ une heure.

43.1 Getty Images (Hesti Pranowo); 43.2 Getty Images RM (Pierre Suu / Contributeur), München; 43.3 123RF.com (sdcrea); 43.4, 43.5 123RF.com (Aleksandra Sabelskaia)
frankophone Youtuber/innen
ISBN 978-3-12-927949-6
Alles Digitale auf www.allango.net

3. Est-ce que les gens vont donner de l'argent à une personne… pour acheter de l'alcool ? **(extrait : 10:09 – 11:46).**

KV 8 A²

riche

je pense : ☐ oui ☐ non

dans la vidéo : ☐ oui ☐ non

Elle attend
☐ seulement très peu de temps
☐ une demi-heure
☐ une heure.

pauvre

je pense : ☐ oui ☐ non

dans la vidéo : ☐ oui ☐ non

Elle attend
☐ seulement très peu de temps
☐ une demi-heure
☐ une heure.

d) Regarde la conclusion (13:21 – 13:51) avec des sous-titres et coche les quatre bonnes réponses.

Denyzee dit…
- ☐ a) qu'il faut aider tous les pauvres.
- ☐ b) merci à tous les gens qui l'ont aidée.
- ☐ c) que chacun peut devenir pauvre un jour.
- ☐ d) qu'elle a aimé jouer ces deux personnes différentes.
- ☐ e) qu'il faut toujours se respecter – même si on est différent.
- ☐ f) que la vie est toujours plus facile pour les personnes riches.
- ☐ g) qu'il ne faut pas juger *(beurteilen)* quelqu'un d'après son apparence *(Aussehen)*.

❸ a) Écris un commentaire avec ton opinion.

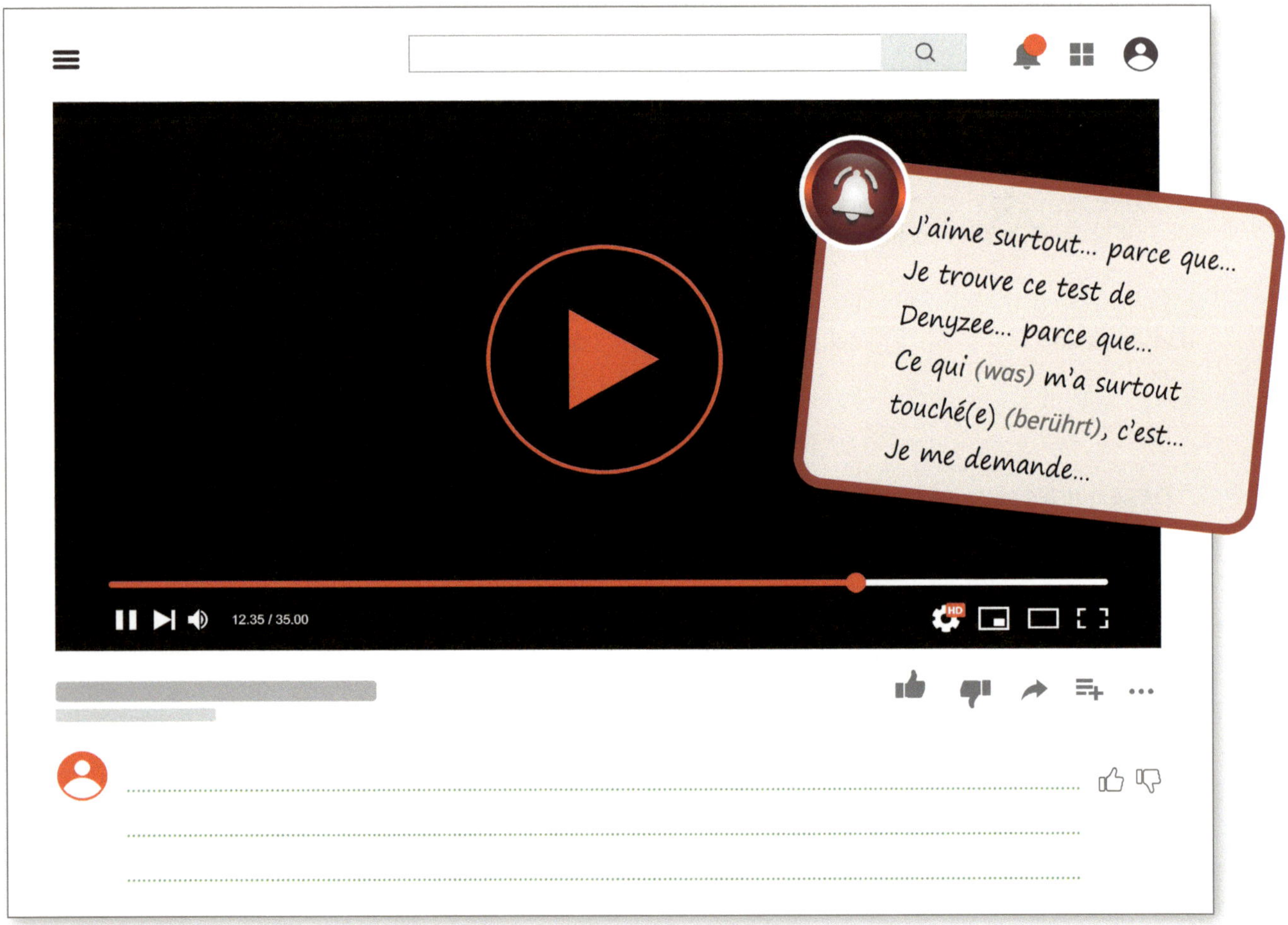

b) Lis les commentaires de tes camarades et coche 👍 si tu es d'accord.

44.1 123RF.com (Aleksandra Sabelskaia); 44.2 123RF.com (Jirjis Nailul Muna); 44.3 123RF.com (Kanate chainapong); 44.4 123RF.com (ihorsw)
frankophone Youtuber/innen
ISBN 978-3-12-927949-6
Alles Digitale auf www.allango.net

Denyzee : *Riche vs pauvre pendant une journée (prank)*

KV 8 B[1]

❶ Mets les lettres dans le bon ordre.

Tu vas voir une vidéo de Denyzee, une RISAFANÇE → ……………………

…………………… qui habite au UBCÉQE →

…………………… et qui est la youtubeuse n°1 de ce pays.

❷ a) Regarde le début de sa vidéo (0:00 – 1:15) et complète le texte. Si tu veux, tu peux mettre des sous-titres (en bas de la vidéo à droite ☰ + ⚙ Französisch).

D'abord, Denyzee va jouer …………………… . Le jour après, elle va jouer …………………… .

Son objectif est de tester à quel point (wie sehr) l'apparence (Aussehen) ……………………

……………………

b) Regarde les préparations (1:15 – 3:35) et décrit ce que Denyzee fait.

D'abord (1:15 – 2:49), Denyzee ……………………

Ensuite (2:50 – 3:12), elle ……………………

Puis (3:13 – 3:35), elle ……………………

c) Voilà trois situations de la vidéo. Comment est-ce que tu imagines les réactions des gens ? Coche ton opinion (« je suppose… »). Après, regarde les extraits, coche les bonnes réponses et complète.

1. Est-ce que les gens vont aider une personne… qui est tombée par terre ? **(extrait : 3:36 – 5:09)**

riche

je suppose : ☐ oui ☐ non
dans la vidéo : ☐ oui ☐ non

pauvre

je suppose : ☐ oui ☐ non
dans la vidéo : ☐ oui ☐ non
Les gens ont le préjugé (Vorurteil) qu'elle est bourrée (= a bu trop d'alcool). ☐ oui ☐ non

2. Est-ce que les gens vont aider une personne… à chercher quelque chose dans la poubelle ? **(extrait : 6:28 – 9:02)**.

riche

je suppose : ☐ oui ☐ non
dans la vidéo : ☐ oui ☐ non
l'objet : ……………………
Un homme veut ……………………

pauvre

je suppose : ☐ oui ☐ non
dans la vidéo : ☐ oui ☐ non
l'objet : ……………………
Elle attend ………… minutes.

45.1 Getty Images RM (Pierre Suu / Contributeur), München; **45.2** 123RF.com (sdcrea); **45.3** 123RF.com (Kanate chainapong); **45.4** 123RF.com (Aleksandra Sabelskaia);

frankophone Youtuber/innen
ISBN 978-3-12-927949-6

Alles Digitale auf **www.allango.net**

3. Est-ce que les gens vont donner de l'argent à une personne… pour acheter de l'alcool ?
(extrait : 10:09 – 11:46).

riche

pauvre

je suppose :	☐ oui	☐ non	je suppose :	☐ oui	☐ non
dans la vidéo :	☐ oui	☐ non	dans la vidéo :	☐ oui	☐ non
Elle attend	☐ seulement très peu de temps ☐ une demi-heure ☐ une heure.		Elle attend .... minutes.		

d) Regarde la conclusion (13:21 – 13:51), coche les quatre bonnes réponses et répond à la question. (Si tu veux, tu peux mettre des sous-titres.)

Denyzee dit…

- ☐ a) qu'il faut aider tous les pauvres.
- ☐ b) merci à tous les gens qui l'ont aidée.
- ☐ c) que chacun peut devenir pauvre un jour.
- ☐ d) qu'elle a aimé jouer ces deux personnes différentes.
- ☐ e) qu'il faut toujours se respecter – même si on est différent.
- ☐ f) que la vie est toujours plus facile pour les personnes riches.
- ☐ g) qu'il ne faut pas juger *(beurteilen)* quelqu'un d'après son apparence *(Aussehen)*.

Avec quoi est-ce qu'elle compare l'apparence d'un être humain et son intérieur *(Innere)* ? Avec ....

❸ Lis les commentaires (seulement une dizaine) qui sont au-dessous de la vidéo.

a) Copie un commentaire que tu trouves bien. (S'il y a des fautes d'orthographe, corrige-les.)

b) Écris ton propre commentaire.

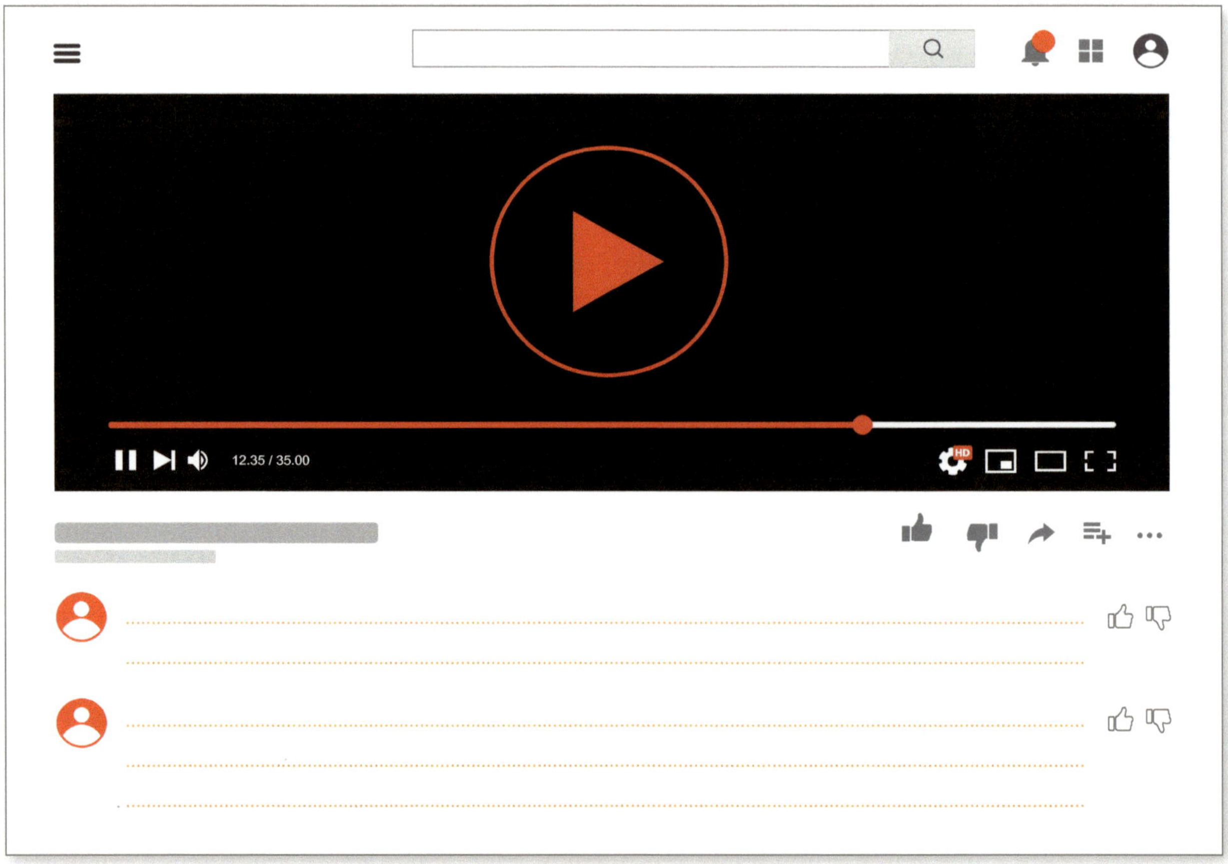

c) Lis les commentaires de tes camarades et coche 👍 si tu es du même avis.

46.1 123RF.com (Aleksandra Sabelskaia);
46.2 123RF.com (Kanate chainapong);
46.3 123RF.com (ihorsw)
frankophone Youtuber/innen
ISBN 978-3-12-927949-6
Alles Digitale auf www.allango.net

9. Les Revues du Monde (Charlie Danger) : *L'escroc qui a vendu la tour Eiffel*

B1 **B1+**

Hintergrundinformationen zur Youtuberin Charlie Danger

Charlie Danger (* 1996) hat Kunstgeschichte und Archäologie studiert und möchte auf ihrem Youtube-Kanal *„Les Revues du Monde"* Geschichtsthemen „de façon fun" der breiten Öffentlichkeit bekannt machen. Basierend auf ihren wissenschaftlichen Recherchen macht sie Videos wie *„les rituels de beauté étranges de l'Histoire", „des maladies complètement oubliées", „les statues n'étaient pas blanches"* usw.

Inhalt des Videoausschnitts (03:47)

Charlie Danger erzählt die Geschichte des Gauners Victor Lustig, der sich **1925 als Vertreter der Regierung ausgab und den Eiffelturm Schrotthändlern zum Verkauf anbot** – auf diese Idee kam er durch einen Zeitungsartikel, in dem von den finanziellen Schwierigkeiten des Staates gesprochen wurde, den Eiffelturm in Stand zu halten, und die Demontage des Turms angekündigt wurde. Ein gewisser André Poisson glaubte ihm und Lustig floh mit der an ihn bezahlten Geldsumme nach Österreich. Dort wartete er vergebens darauf, von der Polizei gesucht zu werden – Poisson behielt nämlich aus Scham die Geschichte für sich. Daraufhin versuchte Lustig ein zweites Mal, den Eiffelturm zu verkaufen, doch diesmal wurde er bei der Polizei angezeigt und floh in die USA.

Zusätzliche Erläuterungen

Die Lernenden befassen sich nur mit dem Ausschnitt des Videos, in dem es um die Eiffelturm-Geschichte geht, nicht mit dem gesamten Leben von Victor Lustig, das im restlichen Video erzählt wird.

Zum besseren Verständnis empfiehlt es sich, für Klassen auf niedrigerem Niveau und für leistungsschwächere Lernende die **Wiedergabegeschwindigkeit** zu **verlangsamen**: Dazu muss unten rechts im Videofeld das 4. Symbol von rechts („Einstellungen ⚙HD") angeklickt werden, danach „Wiedergabegeschwindigkeit" und dann „0.75".

Im Anschluss an Aufgabe 3 können sich die Lernenden in Vierergruppen ihre Ergebnisse zeigen und dann ihren **Favoriten auswählen**. Diese Favoriten werden dann z. B. mittels Dokumentenkamera im Plenum gezeigt.

Lösungen

KV 9 A

1./2. a) Gustave ~~Gilbert~~ Eiffel, l'Exposition universelle ~~française~~ de 1889 ~~1898~~, une station de radio ~~télé~~, démonter ~~rénover~~, des difficultés financières ~~personnelles~~

2. b) I. a; II. c; III. a vrai, b faux, c vrai, d faux (→ il fuit en Autriche); IV. b; V. b

KV 9 B

1./2. a) 1880 ~~1860~~, Gustave ~~Gilbert~~ Eiffel, le savoir-faire français ~~de cet ingénieur~~ à l'Exposition universelle ~~française~~ de 1889 ~~1898~~, la Révolution française ~~américaine~~, le plus haut ~~joli~~ bâtiment, une station de radio ~~télé~~, une bonne ~~mauvaise~~ nouvelle, démonter ~~rénover~~, des difficultés financières ~~personnelles~~, trop ~~peu~~ cher.

b) I. un membre de l'État / un représentant du gouvernement
II. C
III. a vrai, b faux (→ il est jeune), c faux (→ il fuit en Autriche)
IV. b
V. Après, Lustig veut vendre la tour Eiffel une deuxième fois, mais cette fois-ci, on le dénonce à la police. Ensuite, Lustig s'enfuit aux États-Unis.

c)
- le sujet : une histoire/anecdote amusante
- on voit souvent la youtubeuse Charlie Danger qui parle avec beaucoup d'émotions
- il y a des images amusantes (par exemple un homme qui joue de la flûte, un enfant sur un véhicule spécial + « you've got mail », etc.)

3. Beispiel für ein Elfchen:
tour
très haut
symbole de Paris
« vendue » par Victor Lustig
extraordinaire

Les Revues du Monde (Charlie Danger) :
L'escroc (Betrüger) *qui a vendu* (verkauft) *la tour Eiffel*

KV 9 A[1]

❶ Voilà deux versions d'un article de journal. Compare-les, souligne les 6 différences et encercle les alternatives correctes. (Si tu n'es pas sûr/e, tu peux discuter avec ton/ta voisin/e.)

Le Petit Parisien

No. 2 — Le 2 février 1925

LA TOUR EIFFEL TROP CHÈRE

On a construit la tour Eiffel dans les années 1860 d'après les plans de Gustave Eiffel pour montrer le savoir-faire français à l'Exposition française de 1889 (le centenaire *(Hundertjahrfeier)* de la Révolution française). C'est actuellement le plus haut bâtiment du monde. On l'utilise pour des expériences *(Experimente)* scientifiques et une station de télé.

Maintenant, on a une bonne nouvelle pour les personnes qui n'aiment pas cette tour : On veut la rénover. Pourquoi ? Le gouvernement a des difficultés personnelles à entretenir *(in Stand halten)* cette tour, elle coûte trop cher.

Le Petit Parisien

No. 2 — Le 2 février 1925

LA TOUR EIFFEL TROP CHÈRE

On a construit la tour Eiffel dans les années 1880 d'après les plans de Gilbert Eiffel pour montrer le savoir-faire français à l'Exposition universelle de 1898 (le centenaire *(Hundertjahrfeier)* de la Révolution française). C'est actuellement le plus haut bâtiment du monde. On l'utilise pour des expériences *(Experimente)* scientifiques et une station de radio.

Maintenant, on a une bonne nouvelle pour les personnes qui n'aiment pas cette tour : On veut la démonter. Pourquoi ? Le gouvernement a des difficultés financières à entretenir *(in Stand halten)* cette tour, elle coûte trop cher.

❷ Tu vas voir une vidéo où la youtubeuse Charlie Danger, une historienne *(Geschichtswissenschaftlerin)*, **parle d'un tel** *(solchen)* **article de journal et de ses conséquences.**

a) Regarde 4:36 – 5:31 deux fois à une vitesse plus lente (→ Einstellungen ⚙ : Wiedergabegeschwindigkeit 0.75). Corrige l'exercice 1 ↑ avec les informations de la vidéo.

b) Regarde 5:32 – 8:23 (deux fois à une vitesse plus lente).

I. Coche la bonne réponse.

Victor Lustig (d'origine tchèque) est un escroc qui habite à Paris et qui a besoin d'argent. Après avoir lu un tel article de journal, il a l'idée de

- ☐ a) jouer un représentant du gouvernement pour vendre la tour Eiffel.
- ☐ b) demander aux membres de l'État la permission de vendre la tour Eiffel pour eux et de garder cet argent pour lui.
- ☐ c) vendre des faux papiers avec lesquels *(denen)* on « possède » *(besitzt)* une petite partie de la tour Eiffel.

49.1 123RF.com (Veronika Oliinyk); **49.2** 123RF.com (Kanate chainapong); **49.3** 123RF.com (Brian Jackson); **49.4** 123RF.com (sdcrea);

frankophone Youtuber/innen
ISBN 978-3-12-927949-6

Alles Digitale auf **www.allango.net**

II. Coche la bonne réponse.

Qui est-ce que Lustig invite à des négociations *(Verhandlungen)* ?

- ☐ a) Des patrons *(Firmenchefs)* riches.
- ☐ b) Des hommes politiques corrompus *(korrupt)*.
- ☐ c) Des chefs d'entreprises qui vendent de la ferraille *(Alteisen)*.

III. Vrai ou faux ? Coche.

a) Lustig écrit des faux documents de vente.	☐ vrai	☐ faux
b) Lustig contrefait *(fälscht)* la signature de Gustave Eiffel pour convaincre les clients.	☐ vrai	☐ faux
c) Lustig fait *(lässt)* entrer les patrons à la tour Eiffel à l'aide d'une fausse carte d'identité.	☐ vrai	☐ faux
d) Le patron André Poisson achète la tour Eiffel et Lustig reste à Paris.	☐ vrai	☐ faux

IV. Relie le début de la phrase avec une des solutions possibles.

André Poisson

- ☐ a) dénonce *(zeigt an)* Lustig à la police.
- ☐ b) ne dit rien à la police parce qu'il se sent idiot.
- ☐ c) essaie d'annuler *(rückgängig machen)* cette affaire.

V. Coche la bonne réponse.

Après, Lustig

- ☐ a) s'enfuit directement aux États-Unis.
- ☐ b) veut vendre la tour Eiffel une deuxième fois, mais on le dénonce à la police.
- ☐ c) réussit à vendre la tour Eiffel encore plusieurs fois avant que la police l'arrête.

❸ Maintenant, tu connais cette histoire amusante sur la tour Eiffel. Complète le mésostiche ↓ avec des mots qui ont un lien (Verbindung) **avec cette histoire ou avec ce bâtiment en général.**

50 123RF.com (Ekaterina Belova)
frankophone Youtuber/innen
ISBN 978-3-12-927949-6

Les Revues du Monde (Charlie Danger) :
L'escroc (Betrüger) *qui a vendu la tour Eiffel*

KV 9 B[1]

❶ Voilà deux versions d'un article de journal. Compare-les, souligne les 12 différences et encercle les alternatives correctes. (Si tu n'es pas sûr/e, tu peux discuter avec ton/ta voisin/e.)

Le Petit Parisien

No. 2 — Le 2 février 1925

LA TOUR EIFFEL TROP CHÈRE

On a inventé la tour Eiffel dans les années 1880 d'après les plans de Gilbert Eiffel pour montrer le savoir-faire français à l'Exposition française de 1889 (le centenaire *(Hundertjahrfeier)* de la Révolution américaine). C'est actuellement le plus joli bâtiment du monde. On l'utilise pour des expériences *(Experimente)* scientifiques et une station de télé.

Maintenant, on a une bonne nouvelle pour les personnes qui n'aiment pas cette tour : On veut la rénover. Pourquoi ? Le gouvernement a des difficultés financières à entretenir *(in Stand halten)* cette tour, elle coûte peu cher.

Le Petit Parisien

No. 2 — Le 2 février 1925

LA TOUR EIFFEL TROP CHÈRE

On a construit la tour Eiffel dans les années 1860 d'après les plans de Gustave Eiffel pour montrer le savoir-faire de cet ingénieur à l'Exposition universelle de 1898 (le centenaire *(Hundertjahrfeier)* de la Révolution française). C'est actuellement le plus haut bâtiment du monde. On l'utilise pour des expériences *(Experimente)* scientifiques et une station de radio.

Maintenant, on a une mauvaise nouvelle pour les personnes qui n'aiment pas cette tour : On veut la démonter. Pourquoi ? Le gouvernement a des difficultés personnelles à entretenir *(in Stand halten)* cette tour, elle coûte trop cher.

❷ Tu vas voir une vidéo où la youtubeuse Charlie Danger, une historienne *(Geschichtswissenschaftlerin)*, **parle d'un tel** *(solchen)* **article de journal et de ses conséquences.**

a) Regarde 4:36 – 5:31 deux fois. (Si tu veux, tu peux mettre la vitesse plus lente (→ Einstellungen ⚙ : Wiedergabegeschwindigkeit 0.75). Corrige l'exercice 1 ↑ avec les informations de la vidéo.

b) Regarde 5:32 – 8:23 deux fois (si tu veux, aussi à une vitesse plus lente).

I. Complète.

Victor Lustig (d'origine tchèque) est un escroc qui habite à Paris et qui a besoin d'argent. Après avoir lu un tel article de journal, il a l'idée de se faire passer (sich ausgeben) pour .... pour vendre la tour Eiffel.

51.1 123RF.com (Veronika Oliinyk); 51.2 123RF.com (Brian Jackson); 51.3 123RF.com (sdcrea)
frankophone Youtuber/innen
ISBN 978-3-12-927949-6
Alles Digitale auf www.allango.net

II. Coche la bonne réponse.

KV 9 B²

Qui est-ce que Lustig invite à des négociations *(Verhandlungen)* ?

☐ a) Des patrons *(Firmenchefs)* riches.

☐ b) Des hommes politiques corrompus *(korrupt)*.

☐ c) Des chefs d'entreprises qui vendent de la ferraille *(Alteisen)*.

III. Vrai ou faux ? Coche.

a) Lustig fait *(lässt)* entrer les patrons à la tour Eiffel à l'aide d'une fausse carte d'identité.	☐ vrai	☐ faux
b) Le vieux patron André Poisson achète la tour Eiffel.	☐ vrai	☐ faux
c) Puis, Lustig s'enfuit en Allemagne avec l'argent.	☐ vrai	☐ faux

IV. Relie le début de la phrase avec une des solutions possibles.

André Poisson

☐ a) dénonce *(zeigt an)* Lustig à la police.

☐ b) ne dit rien à la police parce qu'il se sent idiot.

☐ c) essaie d'annuler *(rückgängig machen)* cette affaire.

V. Complète les phrases.

Après, Lustig ....,

mais cette fois-ci, ...

Ensuite, Lustig s'enfuit ....

❸ Maintenant, tu connais cette histoire amusante sur la tour Eiffel. Écris un petit poème avec 11 mots sur cette histoire ou ce bâtiment en général d'après le modèle d'un « Elfchen » (sans rimes).

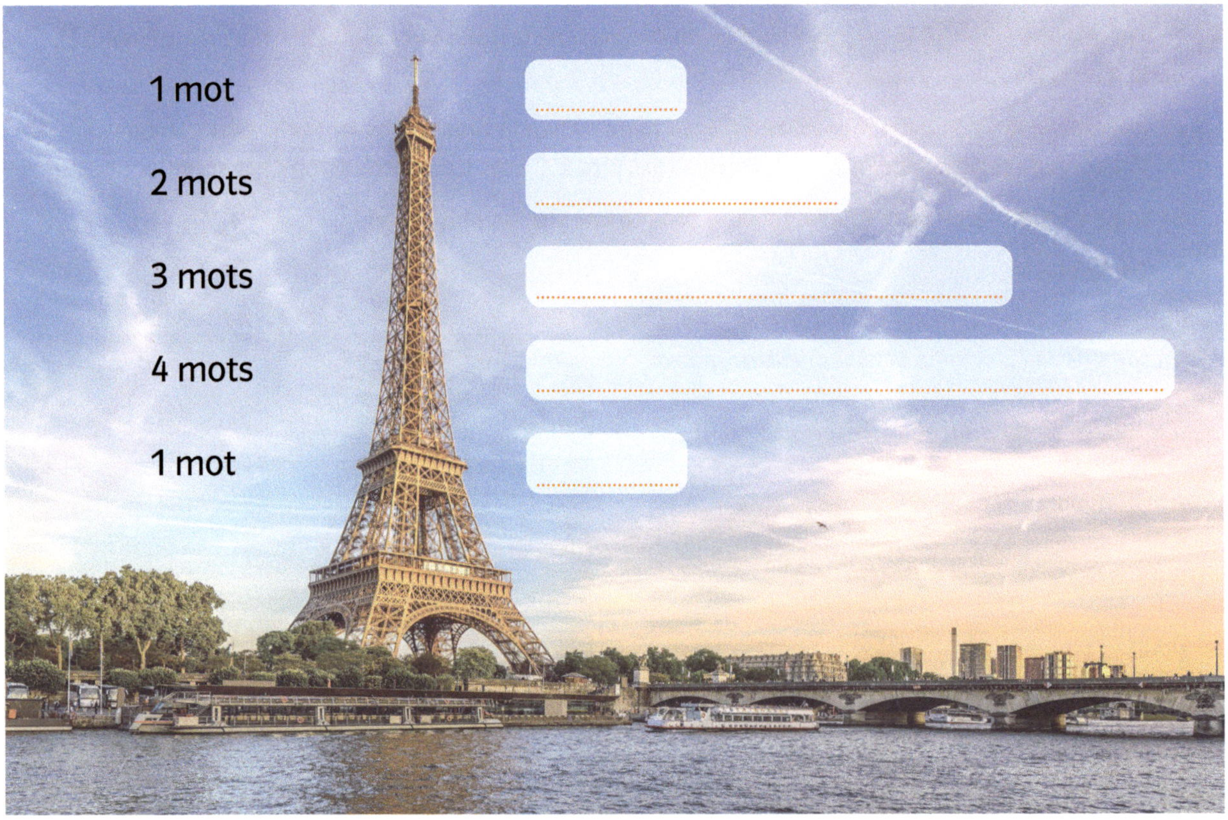

 123RF.com (Ekaterina Belova)

frankophone Youtuber/innen
ISBN 978-3-12-927949-6

10. Nicola Ricca : *Revenus passifs : Comment gagner de l'argent sur Youtube*

B1 B1+

Hintergrundinformationen zum Youtuber Nicola Ricca

Nicola Ricca (aus der französischsprachigen Schweiz) ist Experte für digitales Marketing und erklärt in den Tutorials auf seinem Kanal, mit welchen Strategien man auf Youtube (und in anderen sozialen Netzwerken) Erfolg hat: er bietet Tipps zu den Themenfeldern *„se lancer sur Youtube"*, *„conseils pour s'améliorer sur Youtube"* und *„monétiser son contenu"*. Er analysiert auch, was erfolgreiche Youtuber/innen richtig gemacht haben, z. B. in dem Video *„Comment Léna Situations est devenue l'influenceuse luxe la plus puissante du monde"* (→ Kapitel 7).

Inhalt der Videoausschnitte (03:34 bzw. 04:19)

Nicola Ricca erklärt, wie man mit Youtube-Videos Geld verdienen kann: mit **Werbung** (inkl. genaueren Erläuterungen, welche Bedingungen es dafür gibt usw.), mit **Affiliate Marketing** und **Markenpartnerschaften**.

Zusätzliche Erläuterungen

Zum besseren Verständnis empfiehlt es sich, für Klassen auf niedrigerem Niveau und für leistungsschwächere Lernende die **Wiedergabegeschwindigkeit** auf 0.75 zu **verlangsamen**.

Aufgabe 3 dient der Umwälzung des Gehörten. Zur Präsentation können die Lernenden die aufgenommene Sprachnachricht (KV A) ihrem/r Nachbarn/in vorspielen oder alternativ mündlich vorsprechen. Für den Dialog (KV B) empfiehlt es sich, Vierergruppen zu bilden; dann spielt ein Paar den beiden Zuhörenden ihren Dialog vor und erhält ein kurzes Feedback, danach werden die Rollen getauscht.

Als **Praxisbeispiel** bietet es sich an, anschließend die Lernenden das **Video von Norman untersuchen** zu lassen (→ Kapitel 5), bei dem sehr gut Markenpartnerschaften usw. ersichtlich sind.

Lösungen

KV 10 A

2. a) I. la publicité = les marques paient Youtube et Youtube paie… ; 1000 abonnés et 4000 heures
II. – faux (→ Youtube garde beaucoup d'argent, presque la moitié de la somme)
– vrai (→ les jeunes ont un pouvoir d'achat plus faible)

b) l'affiliation = c

c) le partenariat avec les marques ; Cela veut dire – a; Nicola Ricca pense – b

d) 53 200 *(Zahl ggf. aktualisieren, sie steht links unter dem Video direkt unter „Nicola Ricca")* abonnés, 3200 €

KV 10 B

2. a) la publicité = les marques paient Youtube et Youtube paie… ; 1000 abonnés et 4000 heures ; Youtube garde beaucoup d'argent / une grande partie de la somme / presque la moitié de la somme ; 7,38 CHF/€, Youtube en donne 3,57 CHF/€ ; Les marques paient moins d'argent

b) l'affiliation = c

c) le partenariat avec les marques ; Cela veut dire – a; mais crée du bon contenu et l'argent viendra à toi

d) 53 200 *(Zahl ggf. aktualisieren, sie steht links unter dem Video direkt unter „Nicola Ricca")* abonnés, 3200 €; b; Tout commence par du contenu gratuit, il faut travailler dur.

Nicola Ricca : *Revenus* (Einkommen) *passifs :* *Comment gagner de l'argent sur Youtube*

KV 10 A[1]

❶ Ton/ta corres français/e t'a écrit un message :

Raconte à ton/ta voisin/e : Qu'est-ce que tu penses de ce message ?

❷ Pour mieux t'informer sur le sujet « gagner de l'argent sur Youtube », tu vas regarder une vidéo de Nicola Ricca.

a) Regarde 0:00 – 2:20 deux fois à une vitesse plus lente (→ Einstellungen ⚙ : Wiedergabegeschwindigkeit 0.75).

I. Complète le texte.

- **la première source** *(Quelle)* **de revenu :**

la .... = les .... paient .... pour placer leur publicité dans des vidéos et .... paie les youtubeurs.

- **la condition** *(Bedingung)* **:**

il faut avoir au moins (mindestens) .... abonnés et .... heures de visionnage (Video-Betrachtung).

II. Vrai ou faux ? Coche.

– Youtube garde un peu d'argent comme commission *(Provision, Vermittlungsgebühr)*.	☐ vrai	☐ faux
– Les marques paient moins d'argent pour les publicités dans les vidéos que surtout des jeunes regardent.	☐ vrai	☐ faux

frankophone Youtuber/innen
ISBN 978-3-12-927949-6

Alles Digitale auf **www.allango.net**

KV 10 A²

b) Regarde 3:02–3:22 (aussi deux fois à une vitesse plus lente). Complète et coche la bonne réponse.

la 2ᵉ source de revenu : ....

Qu'est-ce que ça veut dire ?

☐ a) Une marque paie de l'argent au youtubeur parce qu'il promet *(verspricht)* d'utiliser un produit de cette marque.

☐ b) Le youtubeur poste un lien pour un produit (ou un abonnement payant *(kostenpflichtig)*) ; puis, la marque lui paie de l'argent pour lui dire merci.

☐ c) Une personne regarde une vidéo et achète un produit (ou un abonnement payant) que le youtubeur a recommandé *(empfohlen)* ; après, la marque paie une commission au youtubeur pour lui dire merci.

c) Regarde 4:18–4:58 (aussi deux fois à une vitesse plus lente). Complète et relie le début des phrases à une des solutions possibles.

la 3ᵉ source de revenu : ....

Cela veut dire qu'une marque paie de l'argent au youtubeur quand il

☐ a) montre un produit dans sa vidéo ou quand il fait toute une vidéo sur un produit.

☐ b) dit de faire de la publicité seulement pour cette marque (et pas pour un concurrent).

☐ c) devient le représentant de cette marque (pour des campagnes publicitaires, etc.)

Nicola Ricca pense qu'il faut

☐ a) essayer de coopérer avec plusieurs marques différentes.

☐ b) se concentrer à créer du bon contenu *(Inhalt)* dans ses vidéos ; après, l'argent va automatiquement venir.

☐ c) toujours se poser la question « comment est-ce que je peux gagner de l'argent avec cette vidéo ? » avant de faire une vidéo.

Un peu plus tard, Nicola Ricca parle de sa 4ᵉ source : il vend des vidéos de sa « Youtube academy ».

d) Estime *(schätze)* **: combien est-ce que Nicola Ricca gagne par mois ? Après, regarde 7:25–7:39 et complète la phrase.**

Avec ces 4 sources et .... *abonnés,*

il gagne ....*€ par mois.*

❸ Tu veux envoyer un message vocal *(Sprachnachricht)* **à ton/ta corres avec des conseils** *(Ratschläge)* **comment il/elle peut vraiment gagner de l'argent sur Youtube. Enregistre un message avec le dictaphone** *(Diktiergerät-Funktion)* **de ton portable.**

Salut…, Tu veux vraiment gagner de l'argent sur Youtube ? Alors, tu ne dois pas seulement envoyer le lien à tes ami(e)s. J'ai trouvé une vidéo où un youtubeur explique toutes les possibilités. Voilà le résumé : …

frankophone Youtuber/innen
ISBN 978-3-12-927949-6
Alles Digitale auf www.allango.net

Nicola Ricca : *Revenus passifs :* *Comment gagner de l'argent sur Youtube*

KV 10 B[1]

1 Raconte à ton/ta voisin/e : quelles motivations est-ce qu'il y a pour commencer une chaîne *(Kanal)* sur Youtube ? À ton avis, est-ce que le but de gagner beaucoup d'argent est une bonne motivation – et pourquoi (pas) ?

2 Pour savoir plus sur le sujet « gagner de l'argent sur Youtube », tu vas regarder une vidéo de Nicola Ricca.

a) Regarde 0:00 – 2:20 deux fois et complète le texte. (Si tu veux, tu peux mettre la vitesse plus lente (→ Einstellungen ⚙ : Wiedergabegeschwindigkeit 0.75).)

- **la première source** *(Quelle)* **de revenu :**

la .... = les ....

paient .... pour placer

leur publicité dans des vidéos et

.... paie les youtubeurs.

- **la condition** *(Bedingung)* **:**

il faut avoir au moins *(mindestens)*

.... abonnés et ....

heures de visionnage *(Video-Betrachtung)*.

- Youtube garde .... comme commission *(Provision, Vermittlungsgebühr)* :

  par exemple la marque paie à Youtube .... CHF/€ pour 1000 vues (= le CPM) et

  Youtube en donne .... CHF/€ au youtubeur (= le RPM).

- Les marques paient .... d'argent pour les publicités dans les vidéos que surtout des jeunes regardent.

b) Regarde 3:02 – 3:22 deux fois. Complète et coche la bonne réponse.

la 2e source de revenu : ....

Qu'est-ce que ça veut dire ?

- ☐ a) Une marque paie de l'argent au youtubeur parce qu'il promet d'utiliser un produit de cette marque.
- ☐ b) Le youtubeur poste un lien pour un produit (ou un abonnement payant *(kostenpflichtig)*) ; puis, la marque lui paie de l'argent pour lui dire merci.
- ☐ c) Une personne regarde une vidéo et achète un produit (ou un abonnement payant) que le youtubeur a recommandé *(empfohlen)* ; après, la marque paie une commission au youtubeur pour lui dire merci.

frankophone Youtuber/innen
ISBN 978-3-12-927949-6

Alles Digitale auf www.allango.net

c) **Regarde 4:18 – 4:58 deux fois. Complète et relie le début des phrases à une des solutions possibles.**

KV 10 B²

la 3ᵉ source de revenu : ....

Cela veut dire qu'une marque paie de l'argent au youtubeur quand il

- ☐ a) montre un produit dans sa vidéo ou quand il fait toute une vidéo sur un produit.
- ☐ b) dit de faire de la publicité seulement pour cette marque (et pas pour un concurrent).
- ☐ c) devient le représentant de cette marque (pour des campagnes publicitaires, etc.)

Nicola Ricca donne ce conseil *(Ratschlag)* :

Ne pense pas à l'argent (avant de commencer une chaîne sur Youtube), mais ....

....

Un peu plus tard, Nicola Ricca parle de sa 4ᵉ source : il vend des vidéos de sa « Youtube academy ».

d) **Estime** *(schätze)* **: combien est-ce que Nicola Ricca gagne par mois ? Après, regarde 7:25 – 8:24, complète les phrases et coche la bonne réponse.**

Avec ces 4 sources et .... *abonnés, il gagne* .... *€ par mois.*

Ensuite, il raconte

- ☐ a) ce qu'il doit faire pour une nouvelle vidéo.
- ☐ b) ce qu'il veut encore faire mieux pour gagner plus d'argent.
- ☐ c) qu'il y a encore d'autres sources de revenu qu'il expliquera dans une autre vidéo.

Puis, il fait un résumé :

Tout commence par (mit) du contenu .... *sur Youtube avec le but de trouver des abonnés.*

Après, il y a beaucoup de possibilités de gagner de l'argent – mais l'argent ne tombe pas du ciel,

il faut t.................................... .

❸ **Mettez-vous à deux : l'un/e est un youtubeur / une youtubeuse qui réussit à gagner pas mal d'argent avec sa chaîne – l'autre est une personne qui veut commencer une chaîne et a besoin de conseils** *(Ratschläge)*.
Jouez leur conversation.

(Attention : Ce n'est pas seulement une interview où l'un/e pose une question courte et l'autre répond de façon détaillée, mais une vraie conversation où chacun/e pose des questions.)

frankophone Youtuber/innen
ISBN 978-3-12-927949-6
Alles Digitale auf www.allango.net

11. Je découvre une chaîne Youtube

A2+

B1 B1+

Zusätzliche Erläuterungen

Die Lernenden sollen selbständig z. B. als Hausaufgabe einen Youtube-Kanal, der sie interessiert, untersuchen. Dafür zeigt die Lehrkraft die **Namen der Kanäle auf KV 11 C per Dokumentenkamera** o. ä. und jede/r notiert auf seinem Arbeitsblatt (KV 11 A oder B) den Namen des Kanals, den er/sie sich ausgesucht hat. Ggf. demonstriert die Lehrkraft vorab, wo sich die entsprechenden Infos finden lassen (Reiter „Übersicht“, „Videos“ und „Kanalinfo“).

In der Folgestunde gehen die Lernenden **zu zweit mit einem/r Partner/in zusammen, der/die einen anderen Kanal** gewählt hat, und **stellen sich gegenseitig mündlich ihre Ergebnisse** vor. Danach können ggf. die Partner/innen nochmals getauscht werden.

Alternativ können sich die Lernenden mit Hilfe der Fragen von KV 11 A oder B den **Kanal einer der Youtuber/innen von Kapitel 1–10 untersuchen**, bevor oder nachdem sie sich mit einem Video (KV 1–10) beschäftigen/beschäftigt haben. Natürlich kann die Lehrkraft auch einige andere Youtuber/innen auswählen, deren Kanäle gesichtet werden sollen (z. B. nur die Unterhaltungs-Kanäle mit den meisten Abonnenten: Squeezie, Cyprien, Norman). Dazu dient die **untere Hälfte von KV 11 C**: hier werden die **Namen der Kanäle eingetragen**, die zur Auswahl stehen, und dann der Klasse per Dokumentenkamera gezeigt.

Lösungen bzw. kurze Charakterisierung der Youtube-Kanäle

die Zahl der Abonnenten usw. muss ggf. aktualisiert werden

Sananas :

- la youtubeuse : Sanaa El Mahalli, * 1989
- 3,01 millions d'abonnés
- depuis 2010
- la thématique : des conseils et astuces mode, beauté et lifestyle
- les catégories : des tutoriels maquillage, des conseils mode / des idées de look (p. ex. *Mes 16 outfits favoris*), mes produits favoris (p. ex. *7 top produits petit budget vs 7 produits luxe*), get ready with me (la préparation du maquillage jusqu'aux chaussures), les cheveux/coiffures (p. ex. *Le chignon tendance du moment en 5 minutes*), etc.

FastGoodCuisine :

- le youtubeur : Charles Gilles-Compagnon, * 1994
- 4,69 millions d'abonnés
- depuis 2012
- la thématique : des dégustations, des challenges liés à la cuisine
- les catégories : le pire vs le meilleur (p. ex. *sushi, tacos de Paris*), je teste McDo dans le monde, des challenges (p. ex. *Tu perds tu manges le piment le plus fort du monde*), food hacks (p. ex. *Je teste 13 food hacks de chef*), les pires produits (p. ex. *J'achète les pires objets Amazon*), 1 € vs 100 € (p. ex. *Je mange un barbecue à 10 € vs 500 €*), etc.

Tibo InShape Entrainement :

- le youtubeur : Thibaud Delapart, * 1992
- 2,41 millions d'abonnés (son autre chaîne : 9,16 millions d'abonnés)
- depuis 2011
- la thématique : fitness, musculation, nutrition, programme entrainement
- les catégories : des exercices (p. ex. *Des avant-bras plus gros en 30 jours, Perdre le gras du ventre en 20 minutes*), des vidéos à propos de sportifs/sportives (p. ex. *La femme la plus musclée au monde, L'histoire de ce bodybuilder va vous choquer*), etc.

Vilebrequin :

- les youtubeurs : Pierre Chabrier (* 1994), Sylvain Levy (* 1993)
- 2,32 millions d'abonnés
- depuis 2017
- la thématique : les voitures
- les catégories : des voitures (p. ex. *Essai Citroën C 15*), des tests (p. ex. *Passer la 1ère à 130km/h : ça fait quoi ?, Faire glisser un bus : ça fait quoi ?*), etc.

Swan & Néo :

- les youtubeurs : deux frères : Swan (* 2011 !), Néo (* 2005)
- 6,19 millions d'abonnés
- depuis 2015
- la thématique : fun, gaming
- les catégories : l'humour (p. ex. *La chasse aux œufs*), gaming (p. ex. *On découvre la nouvelle saison Fortnite*), des sketchs (p. ex. *On se bat pour du nutella*), etc.

Natoo :

- la youtubeuse : Nathalie Odzierejko (* 1985)
- la youtubeuse française avec le plus d'abonnés (5,16 millions)
- depuis 2006
- la thématique : le divertissement
- les catégories : sa vie (p. ex. *Opérée 2 fois pour rien – mais c'était drôle, Voyage inoubliable à la Réunion*), l'humour (p. ex. *Tu ris tu perds, Une robe en Crocs*), des vidéos avec d'autres youtubeurs (p. ex. avec Cyprien : *Les pubs vs la vie 5*)

Je découvre une chaîne Youtube

KV 11 A[1]

❶ Regarde cette chaîne *(Kanal)* Youtube et complète la fiche.

le nom de la chaîne et du youtubeur / de la youtubeuse : ……………………

le nombre d'abonnés : ……………………

depuis quand la chaîne existe : ……………………

le nombre de vidéos : ……………………

les sujets des vidéos ***(note 5 titres* différents)*** :

- ……………………
- ……………………
- ……………………
- ……………………
- ……………………

la vidéo qui m'intéresse le plus *(am meisten)* : ……………………

Regarde cette vidéo (ou une partie) et résume-la: ……………………

……………………

……………………

……………………

……………………

Mon opinion sur cette chaîne : ☆ ☆ ☆ ☆ ☆

*Tu peux chercher la traduction de mots-clés sur https://de.pons.com/übersetzung/französisch-deutsch ou un autre dictionnaire en ligne – mais note surtout des titres que tu comprends.

❷ Présente cette chaîne à un/e camarade de classe.

frankophone Youtuber/innen
ISBN 978-3-12-927949-6

Je découvre une chaîne Youtube I

KV 11 B[1]

❶ Regarde cette chaîne *(Kanal)* Youtube et complète la fiche.
(Si nécessaire, tu peux chercher la traduction de mots-clés sur https://de.pons.com/übersetzung/französisch-deutsch ou un autre dictionnaire en ligne – mais note surtout des titres, etc. que tu comprends.)

le nom de la chaîne et du youtubeur / de la youtubeuse : ……………………

le nombre d'abonnés : ……………………

depuis quand la chaîne existe : ……………………

le nombre de vidéos : ……………………

les sujets des vidéos *(trouve des catégories et note deux exemples de titre pour chaque catégorie)* :

……………………

……………………

……………………

……………………

……………………

……………………

……………………

……………………

des informations supplémentaires *(zusätzlich)* sur ce youtubeur / cette youtubeuse (qu'on trouve sur Internet) : son vrai nom, son âge, ses autres activités, etc. :

……………………

……………………

……………………

……………………

 123RF.com (samuraitop)
frankophone
Youtuber/innen
ISBN 978-3-12-927949-6

Je découvre une chaîne Youtube II

le titre de la vidéo qui m'intéresse le plus : ....

Regarde cette vidéo et résume-la (1–2 phrases).

....

....

....

Note cinq aspects/informations de cette vidéo que tu trouves intéressants :

- ....
- ....
- ....
- ....
- ....

Peut-on remarquer des partenariats avec des marques (des placements de produits, etc.)

– si oui, lesquelles ? ....

....

Mon opinion sur cette vidéo : ☆☆☆☆☆

parce que ....

....

Mon opinion sur cette chaîne : ☆☆☆☆☆

parce que ....

....

❷ Présente cette chaîne à un/e camarade de classe.

62.1 123RF.com (samuraitop);
62.2 123RF.com (wiseant)
frankophone
Youtuber/innen
ISBN 978-3-12-927949-6

Des chaînes Youtube à découvrir

KV 11 C

	Sananas
	FastGoodCuisine
	Tibo InShape Entrainement
	Vilebrequin
 	Swan & Néo
 	Natoo

Youtuber/innen der frankophonen Welt
ISBN 978-3-12-927949-6

Des chaînes Youtube à découvrir

© Ernst Klett Sprachen GmbH, Stuttgart 2023 | www.klett-sprachen.de | Alle Rechte vorbehalten
Von dieser Druckvorlage ist die Vervielfältigung für den eigenen Unterrichtsgebrauch gestattet.
Die Kopiergebühren sind abgegolten.

63.1 123RF.com (melazerg); 63.2 123RF.com (Vitalii Svetiukha); 63.3 123RF.com (seamartini); 63.4 123RF.com (alleuywrap); 63.5 123RF.com (Christos Georghiou); 63.6, 63.7 123RF.com (fimavectors); 63,8 123RF.com (Pavlo Stavnichuk); 63.9 123RF.com (sdcrea)

frankophone Youtuber/innen
ISBN 978-3-12-927949-6

Bildquellenverzeichnis

Cover Shutterstock (Stock-Asso), New York; **3.1, 4.1,** 123RF.com (dragontiger8), Nidderau; **Cover** Shutterstock (diy13); **Cover** Shutterstock (Stock-Asso); **Cover** Shutterstock (Sutipond Somnam); **Cover** Getty Images (Phynart Studio), München; **3.2** 123RF.com (Chornii Yevhenii); **4.2** 123RF.com (sandi andriyanto); **4.3** 123RF.com (Mark Rademaker); **8.1, 8.2, 10.2** AFP Gruppe Deutschland (GERARD JULIEN / AFP), Berlin; **8.3, 10.3, 13.3, 15.3, 18.2, 20.3, 23.2, 25.3, 28.2, 30.2, 33.2, 35.3, 38.3, 40.3, 43.3, 45.2, 49.4, 51.3, 54.2, 54.5, 55.2, 56.4, 63.9** 123RF.com (sdcrea); **8.4, 8.5, 10.1, 18.3, 19.1, 20.4, 21.1, 26.2, 26.3, 44.4, 46.3** 123RF.com (ihorsw); **8.6, 10.4** 123RF.com (Tetiana Lazunova); **8.7, 10.5** 123RF.com (rdesign0209); **8.8, 10.6** 123RF.com (ostapenko); **8.9, 10.7** 123RF.com (Ljubisa Sujica); **9.1, 11.1** 123RF.com (MIKHAIL GRACHIKOV); **9.2** 123RF.com (wiseant); **9.3, 11.2, 20.1, 20.5, 26.1, 29.1, 31.1, 31.2, 34.8, 36.4, 44.2** 123RF.com (Jirjis Nailul Muna); **13.1** 123RF.com (Evgenii Naumov); **13.2, 15.2** Imago (JonathanRebboah/Panoramic), Berlin; **13.4, 15.1** 123RF.com (stockerteam); **13.5, 15.4** 123RF.com (Maryna Kriuchenko); **13.6, 15.5** 123RF.com (magicleaf); **14.1, 16.1, 16.2, 16.3, 16.4** 123RF.com (urfandadashov); **14.2** 123RF.com (Evgenii Naumov); **16.5** 123RF.com (deltaart); **18.1, 20.2** Imago (Starface); **19.2** 123RF.com (get4net); **21.2** 123RF.com (get4net); **23.1, 25.2** Imago (JBAutissier/Panoramic); **24.1** 123RF.com (Algirdas Urbonavicius); **24.2** 123RF.com (venimo); **25.1** 123RF.com (llesia); **26.4** 123RF.com (Pavlo Syvak); **28.1, 30.1** Alamy (ZUMA Press), Abingdon, UK; **29.2** 123RF.com (nndanko); **29.3** 123RF.com (Konstantin Mironov); **31.3** 123RF.com (klyaksun); **33.1, 35.2** 123RF.com (Volha Hlinskaya); **33.3, 35.1, 37, 38.1, 40.1, 44.3, 45.3, 46.2, 47, 49.2, 54.6, 56.1** 123RF.com (Kanate chainapong); **34.1** 123RF.com (stmool); **34.2, 34.3, 34.4, 34.5, 34.6, 34.7** 123RF.com (alhovik); **36.1** 123RF.com (microone); **36.2** 123RF.com (Pavlo Stavnichuk); **36.3** Getty Images (currantcrescent); **38.2, 40.2** AFP Gruppe Deutschland (GEOFFROY VAN DER HASSELT / AFP); **38.4, 38.5, 38.8, 38.10, 40.4, 40.5, 40.8, 40.10** 123RF.com (Anna Plonsak); **38.6, 40.6** 123RF.com (yoginta); **38.7, 40.7** 123RF.com (vgraphix); **38.9, 40.9** 123RF.com (klyaksun); **38.11, 40.11** 123RF.com (Roman Bykhalets); **39.1** 123RF.com (fad82); **39.2** 123RF.com (Sergii Rodymenko); **41** 123RF.com (marctran); **43.1** Getty Images (Hesti Pranowo); **43.2, 45.1** Getty Images RM (Pierre Suu / Contributeur), München; **43.4, 43.5, 44.1, 45.4, 46.1** 123RF.com (Aleksandra Sabelskaia); **49.1, 51.1** 123RF.com (Veronika Oliinyk); **49.3, 51.2** 123RF.com (Brian Jackson); **50, 52** 123RF.com (Ekaterina Belova); **54.1, 55** 123RF.com (toxa2x2); **54.3, 56.2** 123RF.com (stockdeca); **54.4, 56.3** 123RF.com (Artem Kontratiev); **57** 123RF.com (LIU MING); **60.1** 123RF.com (yasnaten); **60.2, 62.2** 123RF.com (wiseant); **61, 62.1** 123RF.com (samuraitop); **63,8** 123RF.com (Pavlo Stavnichuk); **63.1** 123RF.com (melazerg); **63.2** 123RF.com (Vitalii Svetiukha); **63.3** 123RF.com (seamartini); **63.4** 123RF.com (alleuywrap); **63.5** 123RF.com (Christos Georghiou); **63.6, 63.7** 123RF.com (fimavectors)